소상공인 시장진흥공단

NCS 직업기초능력평가

소상공인시장진흥공단

NCS 직업기초능력평가

초판 발행	2021년 11월 17일
개정판 발행	2025년 11월 12일

편 저 자 | 취업적성연구소

발 행 처 | ㈜서원각

등록번호 | 1999-1A-107호

주　　소 | 경기도 고양시 일산서구 덕산로 88-45(가좌동)

교재주문 | 031-923-2051

팩　　스 | 031-923-3815

교재문의 | 카카오톡 플러스 친구[서원각]

홈페이지 | goseowon.com

PREFACE

우리나라 기업들은 1960년대 이후 현재까지 비약적인 발전을 이루었다. 이렇게 급속한 성장을 이룰 수 있었던 배경에는 우리나라 국민들의 근면성 및 도전정신이 있었다. 그러나 빠르게 변화하는 세계 경제의 환경에 적응하기 위해서는 근면성과 도전정신 이외에 또 다른 성장 요인이 필요하다.

최근 많은 공사 · 공단에서는 기존의 직무 관련성에 대한 고려 없이 인 · 적성, 지식 중심으로 치러지던 필기전형을 탈피하고, 산업현장에서 직무를 수행하기 위해 요구되는 능력을 산업부문별 · 수준별로 체계화 및 표준화한 NCS를 기반으로 하여 채용공고 단계에서 제시되는 '직무 설명자료'상의 직업기초능력과 직무수행능력을 측정하기 위한 직업기초능력평가, 직무수행능력평가 등을 도입하고 있다.

소상공인시장진흥공단에서도 업무에 필요한 역량 및 책임감과 적응력 등을 구비한 인재를 선발하기 위하여 고유의 직업기초능력평가를 치르고 있다. 본서는 소상공인시장진흥공단 채용대비를 위한 필독서로 소상공인시장진흥공단 직업기초능력평가의 출제경향을 철저히 분석하여 응시자들이 보다 쉽게 시험유형을 파악하고 효율적으로 대비할 수 있도록 구성하였다.

신념을 가지고 도전하는 사람은 반드시 그 꿈을 이룰 수 있습니다. 처음에 품은 신념과 열정이 취업 성공의 그 날까지 빛바래지 않도록 서원각이 수험생 여러분을 응원합니다.

STRUCTURE

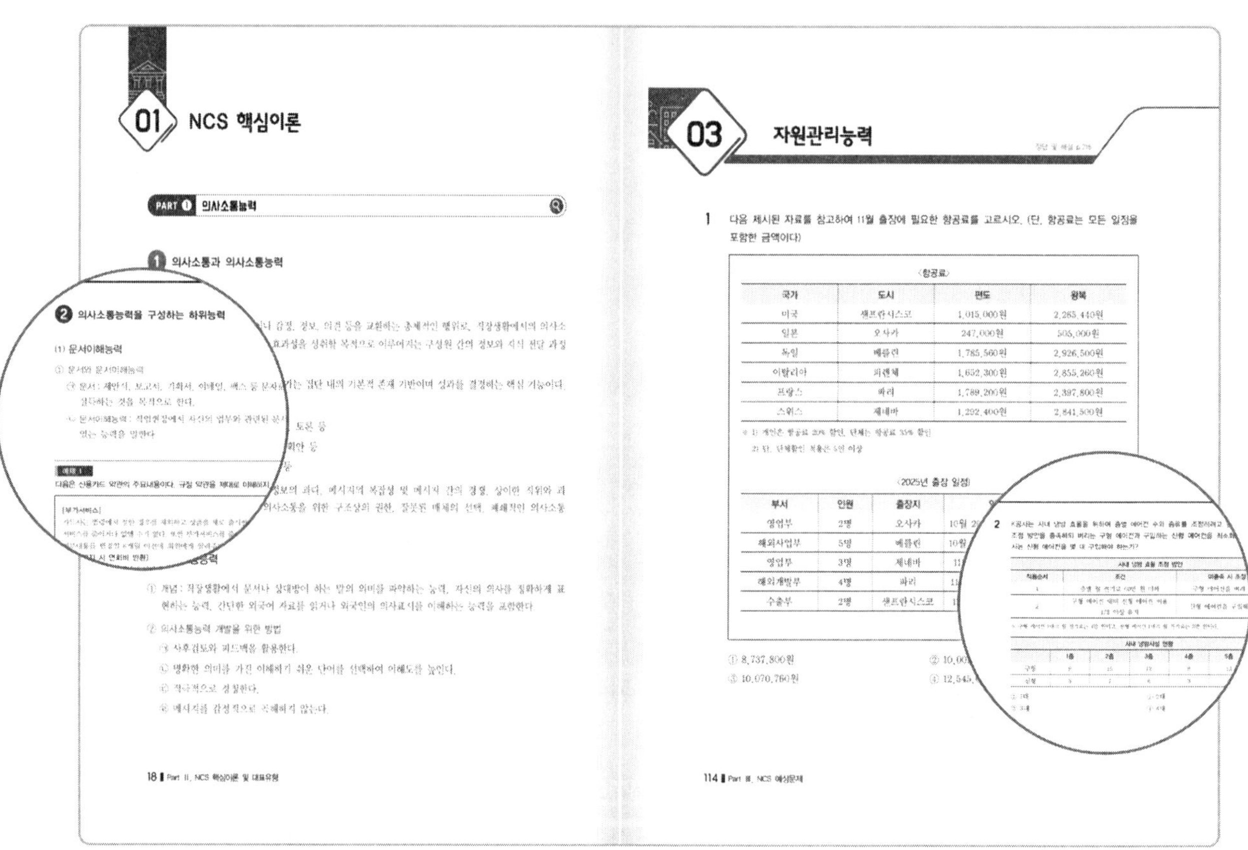

NCS 핵심이론

NCS 직업기초능력 핵심이론을 체계적으로 정리하여 단기간에 학습할 수 있도록 하였습니다.

NCS 예상문제

적중률 높은 영역별 출제예상문제를 수록하여 학습효율을 확실하게 높였습니다.

NCS 정답 및 해설

문제의 핵심을 꿰뚫는 명쾌하고 자세한 해설로 수험생들의 이해를 돕습니다.

CONTENTS

PART I 소상공인시장진흥공단 소개

01 공단소개 및 채용안내 ·················· 8
02 관련기사 ·················· 14

PART II NCS 핵심이론 및 대표유형

01 NCS 핵심이론 ·················· 18
02 NCS 대표유형 ·················· 56

PART III NCS 예상문제

01 의사소통능력 ·················· 80
02 수리능력 ·················· 100
03 자원관리력 ·················· 114
04 정보능력 ·················· 130
05 직업윤리 ·················· 144

PART IV 인성검사

01 인성검사의 개요 ·················· 156
02 실전 인성검사 ·················· 173

PART V 면접

01 면접의 기본 ·················· 186
02 면접기출 ·················· 196

PART VI NCS 정답 및 해설

01 NCS 대표유형 정답해설 ·················· 200
02 NCS 예상문제 정답해설 ·················· 206

소상공인시장진흥공단 소개

01 공단 소개 및 채용안내
02 관련 기사

01 공단 소개 및 채용안내

1 공단 소개

(1) 설립목적 및 비전

① 설립목적 : 소상공인 육성, 전통시장 · 상점가 지원 및 상권활성화를 위해 설립된 준정부기관

② 미션 및 비전

구분	내용
미션	소상공인 · 전통시장의 지속가능한 성장을 이끌어 국민경제 활성화에 기여
비전	신뢰받고 행복 주는 소상공인 · 전통시장의 평생 파트너
슬로건	혁신하는 소진공, 도약하는 소상공인
핵심가치	성장혁신, 상생신뢰, 전문역량, 현장중심

(2) 전략목표 및 전략과제

① 지속가능한 성장형 소상공인 육성

   ㉠ 유망소상공인 성장 및 디지털 전환 촉진

   ㉡ 혁신기술 기반 스마트 소공인 육성

   ㉢ 경영위기 소상공인 재도약지원 내실화

② 고객중심 편리한 시장 · 상권 조성

   ㉠ 로컬콘텐츠 연계 상권 · 시장 활성화

   ㉡ 디지털 기반 상권 · 시장 이용편의 제고

   ㉢ 안전하고 쾌적한 상권 · 시장환경 조성

③ 전문성 기반 소상공인 금융지원

   ㉠ 소상공인 맞춤형 정책자금 지원

   ㉡ 데이터활용 리스크 최소화

   ㉢ 공공성 기반의 채권관리 강화

④ 국민의 정책사용 편의 및 신뢰 제고

ㄱ 데이터 기반 과학행정 선도

ㄴ ESG가치 연계 경영혁신 지속

ㄷ 책임경영 강화 및 기금건전 화고

(3) ESG경영 추진체계

기관 미션 : 소상공인, 전통시장의 지속가능한 성장을 이끌어 국민경제 활성화에 기여

▲

기관 비전 : 소상공인, 전통시장의 도약을 선도하는 든든한 평생 파트너

▲

ESG 목표 : 소상공인·전통시장의 더 나은 내일을 위한 ESG 파트너

▲

E (저탄소·친환경 경영확대)	S (상생·협력을 통한 지속가능사회이행)	G (고객 신뢰 투명경영 실현)
• 친환경·에너지 경영 이행 강화 • 소상공인·전통시장 친환경 경영 지원 • 자원순환 체계 고도화	• 협력 기반 포용적 일자리 창출 • 소상공인·전통시장 안심 환경 구현 • 동반성장·지역사회 상생문화 확산	• 대국민 신뢰 기반 강화 • 재무·비재무 리스크 관리 고도화 • 소상공인·전통시장 준법 경영 문화확산

(4) 지원사업

구분	내용
지속가능한 성장형 소상공인 육성	기업가형 소상공인 발굴육성, 소상공인 맞춤형 성장 지원, 소공인특화 지원, 소상공인 재기 경영안전망 강화
고객 중심 편리한 상권·시장 조성	골목상권 발굴 육성, 디지털기반 이용 편의 제공, 상권 시장 활성화, 청년 상인 지원, 안전한 시장 조성
소상공인 자금부담 완화	소상공인정책자금
맞춤형 정책서비스 제공 강화	소상공인 맞춤형 서비스 제공, 소상공인 권익보호 및 피해대응력 제고

① 기업가형 소상공인 발굴 육성 : 신사업창업사관학교, 강한 소상공인 성장지원, 우리동네 크라우드 펀딩

② 소상공인 맞춤형 성장 지원 : 역량강화 컨설팅, 온·오프라인 교육, 소상공인 전용교육장 임대, 중소유통 공동협력 활성화, 중소유통 소상공인 상품 경쟁력 강화, 프랜차이즈 수준평가제도, 소상공인 협업 활성화 사업, 역량강화교육, 글로벌시장 지원

③ 소공인 특화지원 : 스마트 제조지원사업, 지역소공인육성, 소공인 판로개척 지원, 소공인 클린제조환경 조성 사업

④ 소상공인 재기 경영안정망 강화 : 원스톱폐업지원, 특화취업지원, 재기사업화지원, 소상공인 고용보험료 지원, 배달·택배료 지원

⑤ 골목상권 발굴 육성 : 동네상권발전소, 백년소상공인 육성사업, 로컬크리에이터(개인, 협업), 로컬브랜드 창출

⑥ 디지털 기반 이용 편의 제공 : 스마트상점 기술보급 사업, 디지털 전통시장

⑦ 상권·시장 활성화 : 온누리상품권 안내, 지류상품권, 카드형상품권, 온라인 전통시장관, 구매 및 사용안내, 가맹점 가입안내, 상생페이백, 시장경영패키지 지원, 첫걸음 기반조성, 문화관광형시장, 백년시장

⑧ 청년 상인 지원 : 청년몰 활성화지원, 청년상인 도약지원

⑨ 안전한 시장 조성 : 전통시장 화재공제, 전통시장 안전관리 패키기 지원, 전통시장 안전점검

⑩ 소상공인 자금부담 완화 : 소상공인정책자금, 코로나19 피해 소상공인 분할상환 특례 지원, 소상공인 부담경감 크레딕

⑪ 소상공인 맞춤형 서비스 제공 : 소상공인 경기동향(BSI) 조사, 소상공인 빅데이터 플랫폼(소상공인 365)

⑫ 소상공인 권익보호 및 피해대응력 제고 : 불공정거래피해상담

2 채용안내

(1) 공단 인재상

① 혁신人 : 적극적으로 혁신하는 인재

② 공정人 : 책임감 있게 행동하는 인재

③ 전문人 : 전문성을 갖춘 성장하는 인재

④ 소통人 : 고객중심으로 소통하는 인재

(2) 채용안내

① 모집부문

구분	직급	방식	직무	근무지	인원(명)
정규직	일반직 5급	일반경쟁	행정사무일반	전국	35
			행정사무정보화	공단본부(대전)	5
		제한경쟁(고졸)	행정사무일반(고졸)	울산북부센터	1
				이천센터	1
				안동센터	1
				포항센터	1
				영주센터	1
				제주센터	1
				보령센터	1
				서산센터	1
				시흥센터	1
				구리센터	1
				강원지역본부(춘천)	1
				강릉센터	1
				삼척센터	1
				제천센터	1
				음성센터	1
				군산센터	1
				진주센터	1
				통영센터	1
		제한경쟁(보훈)	행정사무일반	전국	2
합계					60명

② 지원자격

㉠ 성별·학력 제한 없음

㉡ **연령** : 우리 공단 정년(만 60세)이 도래하지 않은 자

 ※ 단, 만 58세 이상 합격자의 경우, 내규에 따라 임금피크제 적용

㉢ 남성의 경우, 「병역법」 제76조에서 정한 병역의무 불이행 사실이 없는 자로 병역의무를 필하였거나 면제된 자 (입사지원 마감일 기준)

※ 제한경쟁(고졸)의 경우 군 미필자도 지원 가능

ⓔ 제한경쟁(고졸)의 경우, 최종학력이 고등학교 졸업(예정)인 자

※ 1) 2026.2. 졸업 예정인 자는 임용일(2025.12.31.)부터전일근무가 가능하여야 하며, 임용일 기준 만 18세 미만자(2008.1.1.
   이후 출생자) 지원 불가

  2) 최종학력과 관련하여 허위사실(대졸자가 고졸학력만 제시하여 합격 등)이 확인될 경우 불합격처리 되거나 합격 또는 임
   용이 취소될 수 있음

ⓜ 제한경쟁(보훈)의 경우, 「국가유공자 등 예우 및 지원에 관한 법률」에 의한 취업지원대상인 자

ⓗ 채용 후 즉시 근무가 가능한 자

※ 졸업 · 재학 · 이직절차 · 군 전역 등을 사유로 입사 유예 불가

ⓢ 국가공무원법 제33조의 결격사유가 없는 자

ⓞ 공단 인사규정 제14조(채용결격사유)에 해당하지 않는 자

③ 근무조건

  ㄱ 근무시간 : 09:00 ~18:00, 주5일 근무 (1일 8시간, 주 40시간)

  ㄴ 보수수준 : 공단 내규에 따름

※ 일반경쟁 및 제한경쟁(보훈) : 연 34백만 원 수준, 제한경쟁(고졸) : 연 30백만 원 수준(미필자 기준)

  ㄷ 복리후생 : 4대 보험, 수당 등 공단 내규 및 예산 범위 내 적용

  ㄹ 근무지역 : 전국 및 공단본부(대전)

④ 전형절차

  ㄱ 서류전형 : 입사지원서 부적격자 제외 후 직무관련 교육/자격사항 등을 평가하여 고득점자 순 합격

  ㄴ 필기전형

• 정규직 일반

시험과목	문항수	반영비율(%)
NCS직업기초능력평가	60	50
직무수행능력평가	50	50
인성검사	면접전형 시 결과 참고	

-NCS 직업기초능력평가 : 의사소통능력, 수리능력, 자원관리능력, 정보능력, 직업윤리

-직무수행능력평가 : 경영학 / 경제학 / 행정학 / 법학 중 택1

-NCS 직업기초능력 + 직무수행능력 평가 점수를 합산하여 종합점수 고득점자 순 합격

• 정규직 고졸

시험과목	문항수	반영비율(%)
NCS직업기초능력평가	60	100
조직이해도평가	10	

-NCS 직업기초능력평가 : 의사소통능력, 수리능력, 자원관리능력, 정보능력, 직업윤리

-NCS 직업기초능력 평가점수 고득점자 순 합격

ⓒ 면접 전형

• 1차 면접 전형

면접방식	평가방법	반영비율(%)
직무능력면접	제시된 주제에 대한 준비(20분) 후 개별발표(5분) 및 질의응답(5분) 진행	50
	의사소통능력, 문제해결, 자원관리능력, 직업윤리	
직무역량면접	지식, 기술, 경력·경험, 태도, 가치관 등 평가	50
	무제해결능력, 자기개발능력, 대인관계능력, 조직이해능력	

• 2차 면접 전형

면접방식	평가방법	반영비율(%)
SEMAS-FIT 종합면접	조직적합도 및 직무적합도 종합평가	100
	문제해결능력, 자기개발능력, 대인관계능력, 조직이해능력	

02 관련 기사

– 공단본부에서 지역 중간관리자 93명 대상 정책·인공지능·윤리교육 등 실무 중심 교육 운영

소상공인시장진흥공단(이하 소진공)은 공단본부에서 지역 중간관리자 93명을 대상으로 새 정부의 정책 변화에 대응하기 위한 '중간관리자 역량강화 교육'을 실시했다고 밝혔다.

이번 교육은 급변하는 소상공인·전통시장 정책 환경 속에서 소진공이 추진 중인 정부 주요 과제와 사업 개편 방향을 신속히 공유하고, 이를 현장에 효과적으로 적용하기 위해 마련되었다.

주요 교육 내용은 ▲채무조정제도 이해 및 실무 활용, ▲정부 국정과제 및 소상공인·전통시장 정책 변화 전망, ▲지역상권 활성화 및 사업 운영 개편 방향, ▲인공지능(AI)·디지털 전환 추진 전략, ▲공직자의 윤리의식 및 금융윤리 강화 특강 등으로 구성되었다.

소진공은 이번 교육을 통해 지역본부와 센터 간 협업체계를 강화하고, 정책 변화에 따른 사업 개편 사항을 전사적으로 공유함으로써 현장 중심의 기민한 대응 체계를 마련할 계획이다.

이사장은 "오늘은 '소상공인의 날'로, 우리가 존재하는 이유이자 지원의 중심인 소상공인의 가치를 다시금 되새기는 뜻 깊은 날"이라며, "이와 더불어 정책 현장을 이끄는 중간관리자의 전문성과 실행력을 강화하고, 새 정부의 기조에 발맞춰 국민에게 신뢰 받는 현장 중심의 공공기관으로서 책임을 다하겠다"라고 전했다.

– 2025. 11.–

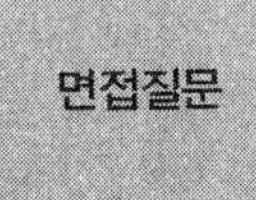

면접질문

- 소상공인 지원 업무에 인공지능(AI), 디지털 전환이 어떤 방식으로 활용될 수 있을지 말해보시오.
- 소상공인 정책이 빠르게 변화하는 상황에서, 현장 실무자가 가장 중점적으로 대응해야 할 부분은 무엇인지 말해보시오.

– 26일(목), 한국중부발전 본사에서 동네상점을 경험형 스마트마켓으로 육성하기 위한 상호 협력 체결

중소상공인시장진흥공단(이하 소진공)은 '제10회 금융의 날 행사'에서 포용 금융 실현 공로를 인정받아 금융위원장 표창을 수상했다고 밝혔다.

'금융의 날'은 금융에 대한 국민적 관심을 제고하고, 금융 부문 종사자들을 격려하기 위한 법정 기념일로서, 2016년부터 매년 10월 마지막 주 화요일에 금융 발전 기여자 포상 등을 위한 행사를 개최하고 있다.

소진공은 2015년 이후 10년 간 약 35조 원 규모의 융자 사업을 운영하며 소상공인 금융 애로 해소를 위해 노력하였다. 이번 수상은 코로나19 세계적유행(팬데믹)과 사회·경제적 위기 상황 속에서 민간 금융 이용이 어려운 소상공인의 금융 사각지대를 없애기 위해 다각적으로 노력한 성과를 인정받았다는 점에서 의미가 크다.

주로 ▲고금리 부담 완화, ▲일시적 경영애로 해소, ▲금융 취약계층 지원 등 소상공인의 경영 안정에 기여하여 포용금융을 실현한 점을 높이 평가 받았다.

(고금리 부담완화) 7% 이상 민간 금융 고금리 대출을 4.5% 공단 저금리 대출로 갈아타도록 지원하는 '환대출'을 2024년부터 신설하여 운영

(일시적 경영애로 해소) 일시적으로 매출이 하락하여 민간 금융이용이 어려운 소상공인을 위해 '일시적경영애로자금'을 공급하여 회복할 수 있도록 지원

(금융 취약계층 지원) 장애인 · 청년 등 금융으로부터 소외되기 쉬운 계층을 위한 전용 자금을 운영하여 촘촘한 금융 서비스 제공

(재해 · 재난 적극지원) 산불 · 호우 등 전국 각지 재해 · 재난 발생 시 소상공인 정책자금 융자를 지원하여 신속한 피해 회복 도모

이사장은 "복합 경제 위기 속에서 어려움을 겪는 소상공인에게 실질적인 도움이 되고자 전 직원이 노력 하였다"라며, "포용 금융 성과를 인정받는 만큼 앞으로도 소상공인의 곁에서 든든한 금융 버팀목 역할을 충실히 수행하겠다"고 밝혔다.

– 2025.11.–

| 면접질문 | • 포용금융이란 무엇이며, 공공기관이 이를 실현하기 위해 어떤 역할을 해야 하는지 말해보시오.
• 소진공의 정책자금이 민간금융과 다른 점이 무엇이며, 이를 통해 어떤 효과를 기대할 수 있는지 말해보시오. |

NCS 핵심이론 및 대표유형

01 NCS 핵심이론
02 NCS 대표유형

 **NCS 핵심이론**

❶ 의사소통과 의사소통능력

(1) 의사소통

① 개념 : 사람들 간에 생각이나 감정, 정보, 의견 등을 교환하는 총체적인 행위로, 직장생활에서의 의사소통은 조직과 팀의 효율성과 효과성을 성취할 목적으로 이루어지는 구성원 간의 정보와 지식 전달 과정이라고 할 수 있다.

② 기능 : 공동의 목표를 추구해 나가는 집단 내의 기본적 존재 기반이며 성과를 결정하는 핵심 기능이다.

③ 의사소통의 종류

   ㉠ 언어적인 것 : 대화, 전화통화, 토론 등

   ㉡ 문서적인 것 : 메모, 편지, 기획안 등

   ㉢ 비언어적인 것 : 몸짓, 표정 등

④ 의사소통을 저해하는 요인 : 정보의 과다, 메시지의 복잡성 및 메시지 간의 경쟁, 상이한 직위와 과업지향형, 신뢰의 부족, 의사소통을 위한 구조상의 권한, 잘못된 매체의 선택, 폐쇄적인 의사소통 분위기 등

(2) 의사소통능력

① 개념 : 직장생활에서 문서나 상대방이 하는 말의 의미를 파악하는 능력, 자신의 의사를 정확하게 표현하는 능력, 간단한 외국어 자료를 읽거나 외국인의 의사표시를 이해하는 능력을 포함한다.

② 의사소통능력 개발을 위한 방법

   ㉠ 사후검토와 피드백을 활용한다.

   ㉡ 명확한 의미를 가진 이해하기 쉬운 단어를 선택하여 이해도를 높인다.

   ㉢ 적극적으로 경청한다.

   ㉣ 메시지를 감정적으로 곡해하지 않는다.

(1) 문서이해능력

① 문서와 문서이해능력

　ⓐ 문서 : 제안서, 보고서, 기획서, 이메일, 팩스 등 문자로 구성된 것으로 상대방에게 의사를 전달하여 설득하는 것을 목적으로 한다.

　ⓑ 문서이해능력 : 직업현장에서 자신의 업무와 관련된 문서를 읽고, 내용을 이해하고 요점을 파악할 수 있는 능력을 말한다.

예제 1

다음은 신용카드 약관의 주요내용이다. 규정 약관을 제대로 이해하지 못한 사람은?

[부가서비스]

카드사는 법령에서 정한 경우를 제외하고 상품을 새로 출시한 후 1년 이내에 부가서비스를 줄이거나 없앨 수가 없다. 또한 부가서비스를 줄이거나 없앨 경우에는 그 세부내용을 변경일 6개월 이전에 회원에게 알려주어야 한다.

[중도 해지 시 연회비 반환]

연회비 부과기간이 끝나기 이전에 카드를 중도해지하는 경우 남은 기간에 해당하는 연회비를 계산하여 10 영업일 이내에 돌려줘야 한다. 다만, 카드 발급 및 부가서비스 제공에 이미 지출된 비용은 제외된다.

[카드 이용한도]

카드 이용한도는 카드 발급을 신청할 때에 회원이 신청한 금액과 카드사의 심사기준을 종합적으로 반영하여 회원이 신청한 금액 범위 이내에서 책정되며 회원의 신용도가 변동되었을 때에는 카드사는 회원의 이용한도를 조정할 수 있다.

[부정사용 책임]

카드 위조 및 변조로 인하여 발생된 부정사용 금액에 대해서는 카드사가 책임을 진다. 다만, 회원이 비밀번호를 다른 사람에게 알려주거나 카드를 다른 사람에게 빌려주는 등의 중대한 과실로 인해 부정사용이 발생하는 경우에는 회원이 그 책임의 전부 또는 일부를 부담할 수 있다.

---

① 혜수 : 카드사는 법령에서 정한 경우를 제외하고는 1년 이내에 부가서비스를 줄일 수 없어
② 진성 : 카드 위조 및 변조로 인하여 발생된 부정사용 금액은 일괄 카드사가 책임을 지게 돼
③ 영훈 : 회원의 신용도가 변경되었을 때 카드사가 이용한도를 조정할 수 있어
④ 영호 : 연회비 부과기간이 끝나기 이전에 카드를 중도해지하는 경우에는 남은 기간에 해당하는 연회비를 카드사는 돌려줘야 해

출제의도

주어진 약관의 내용을 읽고 그에 대한 상세 내용의 정보를 이해하는 능력을 측정하는 문항이다.

해 설

부정사용에 대해 고객의 과실이 있으면 회원이 그 책임의 전부 또는 일부를 부담할 수 있다.

답 ②

② 문서의 종류

　　㉠ 공문서 : 정부기관에서 공무를 집행하기 위해 작성하는 문서로, 단체 또는 일반회사에서 정부기관을 상대로 사업을 진행할 때 작성하는 문서도 포함된다. 엄격한 규격과 양식이 특징이다.

　　㉡ 기획서 : 아이디어를 바탕으로 기획한 프로젝트에 대해 상대방에게 전달하여 시행하도록 설득하는 문서이다.

　　㉢ 기안서 : 업무에 대한 협조를 구하거나 의견을 전달할 때 작성하는 사내 공문서이다.

　　㉣ 보고서 : 특정한 업무에 관한 현황이나 진행 상황, 연구 · 검토 결과 등을 보고하고자 할 때 작성하는 문서이다.

　　㉤ 설명서 : 상품의 특성이나 작동 방법 등을 소비자에게 설명하기 위해 작성하는 문서이다.

　　㉥ 보도자료 : 정부기관이나 기업체 등이 언론을 상대로 자신들의 정보를 기사화 되도록 하기 위해 보내는 자료이다.

　　㉦ 자기소개서 : 개인이 자신의 성장과정이나, 입사 동기, 포부 등에 대해 구체적으로 기술하여 자신을 소개하는 문서이다.

　　㉧ 비즈니스 레터(E-mail) : 사업상의 이유로 고객에게 보내는 편지다.

　　㉨ 비즈니스 메모 : 업무상 확인해야 할 일을 메모형식으로 작성하여 전달하는 글이다.

③ 문서이해의 절차 : 문서의 목적 이해 → 문서 작성 배경 · 주제 파악 → 정보 확인 및 현안문제 파악 → 문서 작성자의 의도 파악 및 자신에게 요구되는 행동 분석 → 목적 달성을 위해 취해야 할 행동 고려 → 문서 작성자의 의도를 도표나 그림 등으로 요약 · 정리

(2) 문서작성능력

① 작성되는 문서에는 대상과 목적, 시기, 기대효과 등이 포함되어야 한다.

② 문서작성의 구성요소

　　㉠ 짜임새 있는 골격, 이해하기 쉬운 구조

　　㉡ 객관적이고 논리적인 내용

　　㉢ 명료하고 설득력 있는 문장

　　㉣ 세련되고 인상적인 레이아웃

다음은 들은 내용을 구조적으로 정리하는 방법이다. 순서에 맞게 배열하면?

> ㉠ 관련 있는 내용끼리 묶는다.
> ㉡ 묶은 내용에 적절한 이름을 붙인다.
> ㉢ 전체 내용을 이해하기 쉽게 구조화한다.
> ㉣ 중복된 내용이나 덜 중요한 내용을 삭제한다.

① ㉠㉡㉢㉣   ② ㉠㉡㉣㉢
③ ㉡㉠㉢㉣   ④ ㉡㉠㉣㉢

출제의도

음성정보는 문자정보와는 달리 쉽게 잊혀지기 때문에 음성정보를 구조화시키는 방법을 묻는 문항이다.

해 설

내용을 구조적으로 정리하는 방법은 '㉠ 관련 있는 내용끼리 묶는다. → ㉡ 묶은 내용에 적절한 이름을 붙인다. → ㉣ 중복된 내용이나 덜 중요한 내용을 삭제한다. → ㉢ 전체 내용을 이해하기 쉽게 구조화 한다.'가 적절하다.

답 ②

③ 문서의 종류에 따른 작성방법

  ㉠ 공문서

- 육하원칙이 드러나도록 써야 한다.
- 날짜는 반드시 연도와 월, 일을 함께 언급하며, 날짜 다음에 괄호를 사용할 때는 마침표를 찍지 않는다.
- 대외문서이며, 장기간 보관되기 때문에 정확하게 기술해야 한다.
- 내용이 복잡할 경우 '−다음−', '−아래−'와 같은 항목을 만들어 구분한다.
- 한 장에 담아내는 것을 원칙으로 하며, 마지막엔 반드시 '끝'자로 마무리 한다.

  ㉡ 설명서

- 정확하고 간결하게 작성한다.
- 이해하기 어려운 전문용어의 사용은 삼가고, 복잡한 내용은 도표화 한다.
- 명령문보다는 평서문을 사용하고, 동어 반복보다는 다양한 표현을 구사하는 것이 바람직하다.

  ㉢ 기획서

- 상대를 설득하여 기획서가 채택되는 것이 목적이므로 상대가 요구하는 것이 무엇인지 고려하여 작성하며, 기획의 핵심을 잘 전달하였는지 확인한다.
- 분량이 많을 경우 전체 내용을 한눈에 파악할 수 있도록 목차구성을 신중히 한다.
- 효과적인 내용 전달을 위한 표나 그래프를 적절히 활용하고 산뜻한 느낌을 줄 수 있도록 한다.
- 인용한 자료의 출처 및 내용이 정확해야 하며 제출 전 충분히 검토한다.

  ㉣ 보고서

- 도출하고자 하는 핵심내용을 구체적이고 간결하게 작성한다.
- 내용이 복잡할 경우 도표나 그림을 활용하고, 참고자료는 정확하게 제시한다.
- 제출하기 전에 최종점검을 하며 질의를 받을 것에 대비한다.

다음 중 공문서 작성에 대한 설명으로 가장 적절하지 못한 것은?

① 공문서나 유가증권 등에 금액을 표시할 때에는 한글로 기재하고 그 옆에 괄호를 넣어 숫자로 표기한다.
② 날짜는 숫자로 표기하되 연, 월, 일의 글자는 생략하고 그 자리에 온점(.)을 찍어 표시한다.
③ 첨부물이 있는 경우에는 붙임 표시문 끝에 1자 띄우고 "끝."이라고 표시한다.
④ 공문서의 본문이 끝났을 경우에는 1자를 띄우고 "끝."이라고 표시한다.

출제의도

업무를 할 때 필요한 공문서 작성법을 잘 알고 있는지를 측정하는 문항이다.

해 설

공문서 금액 표시
아라비아 숫자로 쓰고, 숫자 다음에 괄호를 하여 한글로 기재한다.
예) 123,456원의 표시 : 금 123,456(금 일십이만삼천사백오십육원)

답 ①

④ 문서작성의 원칙

　ⓐ 문장은 짧고 간결하게 작성한다(간결체 사용).

　ⓑ 상대방이 이해하기 쉽게 쓴다.

　ⓒ 불필요한 한자의 사용을 자제한다.

　ⓓ 문장은 긍정문의 형식을 사용한다.

　ⓔ 간단한 표제를 붙인다.

　ⓕ 문서의 핵심내용을 먼저 쓰도록 한다(두괄식 구성).

⑤ 문서작성 시 주의사항

　ⓐ 육하원칙에 의해 작성한다.

　ⓑ 문서 작성시기가 중요하다.

　ⓒ 한 사안은 한 장의 용지에 작성한다.

　ⓓ 반드시 필요한 자료만 첨부한다.

　ⓔ 금액, 수량, 일자 등은 기재에 정확성을 기한다.

　ⓕ 경어나 단어사용 등 표현에 신경 쓴다.

　ⓖ 문서작성 후 반드시 최종적으로 검토한다.

⑥ 효과적인 문서작성 요령

   ㉠ 내용이해 : 전달하고자 하는 내용과 핵심을 정확하게 이해해야 한다.

   ㉡ 목표설정 : 전달하고자 하는 목표를 분명하게 설정한다.

   ㉢ 구성 : 내용 전달 및 설득에 효과적인 구성과 형식을 고려한다.

   ㉣ 자료수집 : 목표를 뒷받침할 자료를 수집한다.

   ㉤ 핵심전달 : 단락별 핵심을 하위목차로 요약한다.

   ㉥ 대상파악 : 대상에 대한 이해와 분석을 통해 철저히 파악한다.

   ㉦ 보충설명 : 예상되는 질문을 정리하여 구체적인 답변을 준비한다.

   ㉧ 문서표현의 시각화 : 그래프, 그림, 사진 등을 적절히 사용하여 이해를 돕는다.

(3) 경청능력

① 경청의 중요성 : 경청은 다른 사람의 말을 주의 깊게 들으며 공감하는 능력으로 경청을 통해 상대방을 한 개인으로 존중하고 성실한 마음으로 대하게 되며, 상대방의 입장에 공감하고 이해하게 된다.

② 경청을 방해하는 습관 : 짐작하기, 대답할 말 준비하기, 걸러내기, 판단하기, 다른 생각하기, 조언하기, 언쟁하기, 옳아야만 하기, 슬쩍 넘어가기, 비위 맞추기 등

③ 효과적인 경청방법

   ㉠ 준비하기 : 강연이나 프레젠테이션 이전에 나누어주는 자료를 읽어 미리 주제를 파악하고 등장하는 용어를 익혀둔다.

   ㉡ 주의 집중 : 말하는 사람의 모든 것에 집중해서 적극적으로 듣는다.

   ㉢ 예측하기 : 다음에 무엇을 말할 것인가를 추측하려고 노력한다.

   ㉣ 나와 관련짓기 : 상대방이 전달하고자 하는 메시지를 나의 경험과 관련지어 생각해 본다.

   ㉤ 질문하기 : 질문은 듣는 행위를 적극적으로 하게 만들고 집중력을 높인다.

   ㉥ 요약하기 : 주기적으로 상대방이 전달하려는 내용을 요약한다.

   ㉦ 반응하기 : 피드백을 통해 의사소통을 점검한다.

다음은 면접스터디 중 일어난 대화이다. A의 고민을 해소하기 위한 조언으로 가장 적절한 것은?

> B : A 씨, 어디 아파요? 표정이 안 좋아 보여요.
> A : 제가 원서 넣은 공단이 내일 면접이어서요. 그동안 스터디를 통해서 면접 연습을 많이 했는데도 벌써부터 긴장이 되네요.
> B : A 씨는 자기 의견도 명확히 피력할 줄 알고 조리 있게 설명을 잘 하시니 걱정 안하셔도 될 것 같아요. 아, 손에 꽉 쥐고 계신 건 뭔가요?
> A : 아, 제가 예상 답변을 정리해서 모아둔거에요. 내용은 거의 외웠는데 이렇게 쥐고 있지 않으면 불안해서...
> B : 그 정도로 준비를 철저히 하셨으면 걱정할 이유 없을 것 같아요.
> A : 그래도 압박면접이거나 예상치 못한 질문이 들어오면 어떻게 하죠?
> B : ___________________________________

① 시선을 적절히 처리하면서 부드러운 어투로 말하는 연습을 해보는 건 어때요?
② 공식적인 자리인 만큼 옷차림을 신경 쓰는 게 좋을 것 같아요.
③ 당황하지 말고 질문자의 의도를 잘 파악해서 침착하게 대답하면 되지 않을까요?
④ 예상 질문에 대한 답변을 좀 더 정확하게 외워보는 건 어떨까요?

상대방이 하는 말을 듣고 질문 의도에 따라 올바르게 답하는 능력을 측정하는 문항이다.

A는 압박질문이나 예상치 못한 질문에 대해 걱정을 하고 있으므로 침착하게 대응하라고 조언을 해주는 것이 좋다.

답 ③

(4) 의사표현능력

① 의사표현의 개념과 종류

　㉠ 개념 : 화자가 자신의 생각과 감정을 청자에게 음성언어나 신체언어로 표현하는 행위이다.

　㉡ 종류
- 공식적 말하기 : 사전에 준비된 내용을 대중을 대상으로 말하는 것으로 연설, 토의, 토론 등이 있다.
- 의례적 말하기 : 사회 · 문화적 행사에서와 같이 절차에 따라 하는 말하기로 식사, 주례, 회의 등이 있다.
- 친교적 말하기 : 친근한 사람들 사이에서 자연스럽게 주고받는 대화 등을 말한다.

② 의사표현의 방해요인

　㉠ 연단공포증 : 연단에 섰을 때 가슴이 두근거리거나 땀이 나고 얼굴이 달아오르는 등의 현상으로 충분한 분석과 준비, 더 많은 말하기 기회 등을 통해 극복할 수 있다.

　㉡ 말 : 말의 장단, 고저, 발음, 속도, 쉼 등을 포함한다.

　㉢ 음성 : 목소리와 관련된 것으로 음색, 고저, 명료도, 완급 등을 의미한다.

　㉣ 몸짓 : 비언어적 요소로 화자의 외모, 표정, 동작 등이다.

　㉤ 유머 : 말하기 상황에 따른 적절한 유머를 구사할 수 있어야 한다.

③ 상황과 대상에 따른 의사표현법

　㉠ 잘못을 지적할 때 : 모호한 표현을 삼가고 확실하게 지적하며, 당장 꾸짖고 있는 내용에만 한정한다.

　㉡ 칭찬할 때 : 자칫 아부로 여겨질 수 있으므로 센스 있는 칭찬이 필요하다.

　㉢ 부탁할 때 : 먼저 상대방의 사정을 듣고 응하기 쉽게 구체적으로 부탁하며 거절을 당해도 싫은 내색을 하지 않는다.

　㉣ 요구를 거절할 때 : 먼저 사과하고 응해줄 수 없는 이유를 설명한다.

　㉤ 명령할 때 : 강압적인 말투보다는 'ㅇㅇ을 이렇게 해주는 것이 어떻겠습니까?'와 같은 식으로 부드럽게 표현하는 것이 효과적이다.

　㉥ 설득할 때 : 일방적으로 강요하기보다는 먼저 양보해서 이익을 공유하겠다는 의지를 보여주는 것이 좋다.

　㉦ 충고할 때 : 충고는 가장 최후의 방법이다. 반드시 충고가 필요한 상황이라면 예화를 들어 비유적으로 깨우쳐주는 것이 바람직하다.

　㉧ 질책할 때 : 샌드위치 화법(칭찬의 말 + 질책의 말 + 격려의 말)을 사용하여 청자의 반발을 최소화 한다.

예제 5

당신은 팀장님께 업무 지시내용을 수행하고 결과물을 보고 드렸다. 하지만 팀장님께서는 "최대리 업무를 이렇게 처리하면 어떡하나? 누락된 부분이 있지 않은가."라고 말하였다. 이에 대해 당신이 행할 수 있는 가장 부적절한 대처 자세는?

① "죄송합니다. 제가 잘 모르는 부분이라 이수혁 과장님께 부탁을 했는데 과장님께서 실수를 하신 것 같습니다."
② "주의를 기울이지 못해 죄송합니다. 어느 부분을 수정보완하면 될까요?"
③ "지시하신 내용을 제가 충분히 이해하지 못하였습니다. 내용을 다시 한 번 여쭤보아도 되겠습니까?"
④ "부족한 내용을 보완하는 자료를 취합하기 위해서 하루정도가 더 소요될 것 같습니다. 언제까지 재작성하여 드리면 될까요?"

출제의도

상사가 잘못을 지적하는 상황에서 어떻게 대처해야 하는지를 묻는 문항이다.

해 설

상사가 부탁한 지시사항을 다른 사람에게 부탁하는 것은 옳지 못하며 설사 그렇다고 해도 그 일의 과오에 대해 책임을 전가하는 것은 지양해야 할 자세이다.

답 ①

---

④ 원활한 의사표현을 위한 지침

　㉠ 올바른 화법을 위해 독서를 하라.

　㉡ 좋은 청중이 되라.

　㉢ 칭찬을 아끼지 마라.

　㉣ 공감하고, 긍정적으로 보이게 하라.

　㉤ 겸손은 최고의 미덕임을 잊지 마라.

　㉥ 과감하게 공개하라.

ⓢ 뒷말을 숨기지 마라.

ⓞ 첫마디 말을 준비하라.

ⓩ 이성과 감성의 조화를 꾀하라.

ⓒ 대화의 룰을 지켜라.

ⓚ 문장을 완전하게 말하라.

⑤ 설득력 있는 의사표현을 위한 지침

ㄱ 'Yes'를 유도하여 미리 설득 분위기를 조성하라.

ㄴ 대비 효과로 분발심을 불러 일으켜라.

ㄷ 침묵을 지키는 사람의 참여도를 높여라.

ㄹ 여운을 남기는 말로 상대방의 감정을 누그러뜨려라.

ㅁ 하던 말을 갑자기 멈춤으로써 상대방의 주의를 끌어라.

ㅂ 호칭을 바꿔서 심리적 간격을 좁혀라.

ㅅ 끄집어 말하여 자존심을 건드려라.

ㅇ 정보전달 공식을 이용하여 설득하라.

ㅈ 상대방의 불평이 가져올 결과를 강조하라.

ㅊ 권위 있는 사람의 말이나 작품을 인용하라.

ㅋ 약점을 보여 주어 심리적 거리를 좁혀라.

ㅌ 이상과 현실의 구체적 차이를 확인시켜라.

ㅍ 자신의 잘못도 솔직하게 인정하라.

ㅎ 집단의 요구를 거절하려면 개개인의 의견을 물어라.

ⓐ 동조 심리를 이용하여 설득하라.

ⓑ 지금까지의 노고를 치하한 뒤 새로운 요구를 하라.

ⓒ 담당자가 대변자 역할을 하도록 하여 윗사람을 설득하게 하라.

ⓓ 겉치레 양보로 기선을 제압하라.

ⓔ 변명의 여지를 만들어 주고 설득하라.

ⓕ 혼자 말하는 척하면서 상대의 잘못을 지적하라.

(5) 기초외국어능력

① 기초외국어능력의 개념과 필요성

　　㉠ 개념 : 외국어로 된 간단한 자료를 이해하거나, 외국인과의 전화응대와 간단한 대화 등 외국인의 의사 표현을 이해하고, 자신의 의사를 기초외국어로 표현할 수 있는 능력이다.

　　㉡ 필요성 : 국제화·세계화 시대에 다른 나라와의 무역을 위해 우리의 언어가 아닌 국제적인 통용어를 사용하거나 그들의 언어로 의사소통을 해야 하는 경우가 생길 수 있다.

② 외국인과의 의사소통에서 피해야 할 행동

　　㉠ 상대를 볼 때 흘겨보거나, 노려보거나, 아예 보지 않는 행동

　　㉡ 팔이나 다리를 꼬는 행동

　　㉢ 표정이 없는 것

　　㉣ 다리를 흔들거나 펜을 돌리는 행동

　　㉤ 맞장구를 치지 않거나 고개를 끄덕이지 않는 행동

　　㉥ 생각 없이 메모하는 행동

　　㉦ 자료만 들여다보는 행동

　　㉧ 바르지 못한 자세로 앉는 행동

　　㉨ 한숨, 하품, 신음소리를 내는 행동

　　㉩ 다른 일을 하며 듣는 행동

　　㉪ 상대방에게 이름이나 호칭을 어떻게 부를지 묻지 않고 마음대로 부르는 행동

③ 기초외국어능력 향상을 위한 공부법

　　㉠ 외국어공부의 목적부터 정하라.

　　㉡ 매일 30분씩 눈과 손과 입에 밸 정도로 반복하라.

　　㉢ 실수를 두려워하지 말고 기회가 있을 때마다 외국어로 말하라.

　　㉣ 외국어 잡지나 원서와 친해져라.

　　㉤ 소홀해지지 않도록 라이벌을 정하고 공부하라.

　　㉥ 업무와 관련된 주요 용어의 외국어는 꼭 알아두자.

　　㉦ 출퇴근 시간에 외국어 방송을 보거나, 듣는 것만으로도 귀가 트인다.

　　㉧ 어린이가 단어를 배우듯 외국어 단어를 암기할 때 그림카드를 사용해 보라.

　　㉨ 가능하면 외국인 친구를 사귀고 대화를 자주 나눠 보라.

1 직장생활과 수리능력

(1) 기초직업능력으로서의 수리능력

① 개념 : 직장생활에서 요구되는 사칙연산과 기초적인 통계를 이해하고 도표의 의미를 파악하거나 도표를 이용해서 결과를 효과적으로 제시하는 능력을 말한다.

② 수리능력은 크게 기초연산능력, 기초통계능력, 도표분석능력, 도표작성능력으로 구성된다.

　　㉠ 기초연산능력 : 직장생활에서 필요한 기초적인 사칙연산과 계산방법을 이해하고 활용할 수 있는 능력

　　㉡ 기초통계능력 : 평균, 합계, 빈도 등 직장생활에서 자주 사용되는 기초적인 통계기법을 활용하여 자료의 특성과 경향성을 파악하는 능력

　　㉢ 도표분석능력 : 그래프, 그림 등 도표의 의미를 파악하고 필요한 정보를 해석하는 능력

　　㉣ 도표작성능력 : 도표를 이용하여 결과를 효과적으로 제시하는 능력

(2) 업무수행에서 수리능력이 활용되는 경우

① 업무상 계산을 수행하고 결과를 정리하는 경우

② 업무비용을 측정하는 경우

③ 고객과 소비자의 정보를 조사하고 결과를 종합하는 경우

④ 조직의 예산안을 작성하는 경우

⑤ 업무수행 경비를 제시해야 하는 경우

⑥ 다른 상품과 가격비교를 하는 경우

⑦ 연간 상품 판매실적을 제시하는 경우

⑧ 업무비용을 다른 조직과 비교해야 하는 경우

⑨ 상품판매를 위한 지역조사를 실시해야 하는 경우

⑩ 업무수행과정에서 도표로 주어진 자료를 해석하는 경우

⑪ 도표로 제시된 업무비용을 측정하는 경우

다음 자료를 보고 주어진 상황에 대한 물음에 답하시오.

〈근로소득에 대한 간이 세액표〉

월 급여액(천 원) [비과세 및 학자금 제외]		공제대상 가족 수				
이상	미만	1	2	3	4	5
2,500	2,520	38,960	29,280	16,940	13,570	10,190
2,520	2,540	40,670	29,960	17,360	13,990	10,610
2,540	2,560	42,380	30,640	17,790	14,410	11,040
2,560	2,580	44,090	31,330	18,210	14,840	11,460
2,580	2,600	45,800	32,680	18,640	15,260	11,890
2,600	2,620	47,520	34,390	19,240	15,680	12,310
2,620	2,640	49,230	36,100	19,900	16,110	12,730
2,640	2,660	50,940	37,810	20,560	16,530	13,160
2,660	2,680	52,650	39,530	21,220	16,960	13,580
2,680	2,700	54,360	41,240	21,880	17,380	14,010
2,700	2,720	56,070	42,950	22,540	17,800	14,430
2,720	2,740	57,780	44,660	23,200	18,230	14,850
2,740	2,760	59,500	46,370	23,860	18,650	15,280

※ 갑근세는 제시되어 있는 간이 세액표에 따름
※ 주민세=갑근세의 10%
※ 국민연금=급여액의 4.50%
※ 고용보험=국민연금의 10%
※ 건강보험=급여액의 2.90%
※ 교육지원금=분기별 100,000원(매 분기별 첫 달에 지급)

박○○ 사원의 5월 급여내역이 다음과 같고 전월과 동일하게 근무하였으나, 특별수당은 없고 차량지원금으로 100,000원을 받게 된다면, 6월에 받게 되는 급여는 얼마인가? (단, 원 단위 절삭)

(주) 서원플랜테크 5월 급여내역			
성명	박○○	지급일	5월 12일
기본급여	2,240,000	갑근세	39,530
직무수당	400,000	주민세	3,950
명절 상여금		고용보험	11,970
특별수당	20,000	국민연금	119,700
차량지원금		건강보험	77,140
교육지원		기타	
급여계	2,660,000	공제합계	252,290
		지급총액	2,407,710

① 2,443,910
② 2,453,910
③ 2,463,910
④ 2,473,910

업무상 계산을 수행하거나 결과를 정리하고 업무비용을 측정하는 능력을 평가하기 위한 문제로서, 주어진 자료에서 문제를 해결하는 데에 필요한 부분을 빠르고 정확하게 찾아내는 것이 중요하다.

기본 급여	2,240,000	갑근세	46,370
직무 수당	400,000	주민세	4,630
명절 상여금		고용 보험	12,330
특별 수당		국민 연금	123,300
차량 지원금	100,000	건강 보험	79,460
교육 지원		기타	
급여계	2,740,000	공제 합계	266,090
		지급 총액	2,473,910

(3) 수리능력의 중요성

① 수학적 사고를 통한 문제해결

② 직업세계의 변화에의 적응

③ 실용적 가치의 구현

(4) 단위환산표

구분	단위환산
길이	$1cm = 10mm$, $1m = 100cm$, $1km = 1,000m$
넓이	$1cm^2 = 100mm^2$, $1m^2 = 10,000cm^2$, $1km^2 = 1,000,000m^2$
부피	$1cm^3 = 1,000mm^3$, $1m^3 = 1,000,000cm^3$, $1km^3 = 1,000,000,000m^3$
들이	$1m\ell = 1cm^3$, $1d\ell = 100cm^3$, $1L = 1,000cm^3 = 10d\ell$
무게	$1kg = 1,000g$, $1t = 1,000kg = 1,000,000g$
시간	1분 $= 60$초, 1시간 $= 60$분 $= 3,600$초
할푼리	1푼 $= 0.1$할, 1리 $= 0.01$할, 1모 $= 0.001$할

예제 2

둘레의 길이가 4.4km인 정사각형 모양의 공원이 있다. 이 공원의 넓이는 몇 a 인가?

① 12,100a

② 1,210a

③ 121a

④ 12.1a

출제의도

길이, 넓이, 부피, 들이, 무게, 시간, 속도 등 단위에 대한 기본적인 환산 능력을 평가하는 문제로서, 소수점 계산이 필요하며, 자릿수를 읽고 구분할 줄 알아야 한다.

해 설

공원의 한 변의 길이는

$4.4 \div 4 = 1.1(km)$이고

$1km^2 = 10000a$이므로

공원의 넓이는

$1.1km \times 1.1km = 1.21km^2 = 12100a$

답 ①

(1) 기초연산능력

① 사칙연산 : 수에 관한 덧셈, 뺄셈, 곱셈, 나눗셈의 네 종류의 계산법으로 업무를 원활하게 수행하기 위해서는 기본적인 사칙연산뿐만 아니라 다단계의 복잡한 사칙연산까지도 수행할 수 있어야 한다.

② 검산 : 연산의 결과를 확인하는 과정으로 대표적인 검산방법으로 역연산과 구거법이 있다.

　⊙ 역연산 : 덧셈은 뺄셈으로, 뺄셈은 덧셈으로, 곱셈은 나눗셈으로, 나눗셈은 곱셈으로 확인하는 방법이다.

　ⓛ 구거법 : 원래의 수와 각 자리 수의 합이 9로 나눈 나머지가 같다는 원리를 이용한 것으로 9를 버리고 남은 수로 계산하는 것이다.

예제 3

다음 식을 바르게 계산한 것은?

$$1 + \frac{2}{3} + \frac{1}{2} - \frac{3}{4}$$

① $\dfrac{13}{12}$　　　　② $\dfrac{15}{12}$

③ $\dfrac{17}{12}$　　　　④ $\dfrac{19}{12}$

출제의도

직장생활에서 필요한 기초적인 사칙연산과 계산방법을 이해하고 활용할 수 있는 능력을 평가하는 문제로서, 분수의 계산과 통분에 대한 기본적인 이해가 필요하다.

해　설

$$\frac{12}{12} + \frac{8}{12} + \frac{6}{12} - \frac{9}{12} = \frac{17}{12}$$

답 ③

---

(2) 기초통계능력

① 업무수행과 통계

　⊙ 통계의 의미 : 통계란 집단현상에 대한 구체적인 양적 기술을 반영하는 숫자이다.

　ⓛ 업무수행에 통계를 활용함으로써 얻을 수 있는 이점

　　• 많은 수량적 자료를 처리가능하고 쉽게 이해할 수 있는 형태로 축소

　　• 표본을 통해 연구대상 집단의 특성을 유추

　　• 의사결정의 보조수단

　　• 관찰 가능한 자료를 통해 논리적으로 결론을 추줄·검증

ⓒ 기본적인 통계치
  • 빈도와 빈도분포 : 빈도란 어떤 사건이 일어나거나 증상이 나타나는 정도를 의미하며, 빈도분포란 빈도를 표나 그래프로 종합적으로 표시하는 것이다.
  • 평균 : 모든 사례의 수치를 합한 후 총 사례 수로 나눈 값이다.
  • 백분율 : 전체의 수량을 100으로 하여 생각하는 수량이 그중 몇이 되는가를 퍼센트로 나타낸 것이다.

② 통계기법
  ㉠ 범위와 평균
  • 범위 : 분포의 흩어진 정도를 가장 간단히 알아보는 방법으로 최곳값에서 최젓값을 뺀 값을 의미한다.
  • 평균 : 집단의 특성을 요약하기 위해 가장 자주 활용하는 값으로 모든 사례의 수치를 합한 후 총 사례 수로 나눈 값이다.
  • 관찰값이 1, 3, 5, 7, 9일 경우 범위는 $9 - 1 = 8$이 되고, 평균은 $\dfrac{1+3+5+7+9}{5} = 5$가 된다.

  ㉡ 분산과 표준편차
  • 분산 : 관찰값의 흩어진 정도로, 각 관찰값과 평균값의 차의 제곱의 평균이다.
  • 표준편차 : 평균으로부터 얼마나 떨어져 있는가를 나타내는 개념으로 분산값의 제곱근 값이다.
  • 관찰값이 1, 2, 3이고 평균이 2인 집단의 분산은 $\dfrac{(1-2)^2+(2-2)^2+(3-2)^2}{3} = \dfrac{2}{3}$이고 표준편차는 분산값의 제곱근 값인 $\sqrt{\dfrac{2}{3}}$이다.

③ 통계자료의 해석
  ㉠ 다섯숫자요약
  • 최솟값 : 원자료 중 값의 크기가 가장 작은 값
  • 최댓값 : 원자료 중 값의 크기가 가장 큰 값
  • 중앙값 : 최솟값부터 최댓값까지 크기에 의하여 배열했을 때 중앙에 위치하는 사례의 값
  • 하위 25%값 · 상위 25%값 : 원자료를 크기 순으로 배열하여 4등분한 값
  ㉡ 평균값과 중앙값 : 평균값과 중앙값은 그 개념이 다르기 때문에 명확하게 제시해야 한다.

인터넷 쇼핑몰에서 회원가입을 하고 디지털캠코더를 구매하려고 한다. 다음은 구입하고자 하는 모델에 대하여 인터넷 쇼핑몰 세 곳의 가격과 조건을 제시한 표이다. 표에 있는 모든 혜택을 적용하였을 때 디지털캠코더의 배송비를 포함한 실제 구매가격을 바르게 비교한 것은?

구분	A 쇼핑몰	B 쇼핑몰	C 쇼핑몰
정상가격	129,000원	131,000원	130,000원
회원혜택	7,000원 할인	3,500원 할인	7% 할인
할인쿠폰	5% 쿠폰	3% 쿠폰	5,000원
중복할인여부	불가	가능	불가
배송비	2,000원	무료	2,500원

① A<B<C　　　　　　　　② B<C<A

③ C<A<B　　　　　　　　④ C<B<A

출제의도

직장생활에서 자주 사용되는 기초적인 통계기법을 활용하여 자료의 특성과 경향성을 파악하는 능력이 요구되는 문제이다.

해 설

㉠ A 쇼핑몰
- 회원혜택을 선택한 경우 : $129{,}000 - 7{,}000 + 2{,}000 = 124{,}000$(원)
- 5% 할인쿠폰을 선택한 경우 : $129{,}000 \times 0.95 + 2{,}000 = 124{,}550$

㉡ B 쇼핑몰 : $131{,}000 \times 0.97 - 3{,}500 = 123{,}570$

㉢ C 쇼핑몰
- 회원혜택을 선택한 경우 : $130{,}000 \times 0.93 + 2{,}500 = 123{,}400$
- 5,000원 할인쿠폰을 선택한 경우 : $130{,}000 - 5{,}000 + 2{,}500 = 127{,}500$

∴ C<B<A

답 ④

---

(3) 도표분석능력

① 도표의 종류

　㉠ 목적별 : 관리(계획 및 통제), 해설(분석), 보고

　㉡ 용도별 : 경과 그래프, 내역 그래프, 비교 그래프, 분포 그래프, 상관 그래프, 계산 그래프

　㉢ 형상별 : 선 그래프, 막대 그래프, 원 그래프, 점 그래프, 층별 그래프, 레이더 차트

② 도표의 활용

　　㉠ 선 그래프

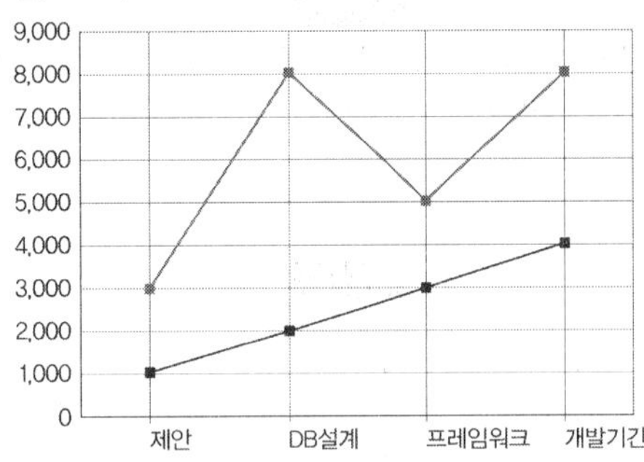

- 주로 시간의 경과에 따라 수량에 의한 변화 상황(시계열 변화)을 절선의 기울기로 나타내는 그래프이다.
- 경과, 비교, 분포를 비롯하여 상관관계 등을 나타낼 때 쓰인다.

　　㉡ 막대 그래프

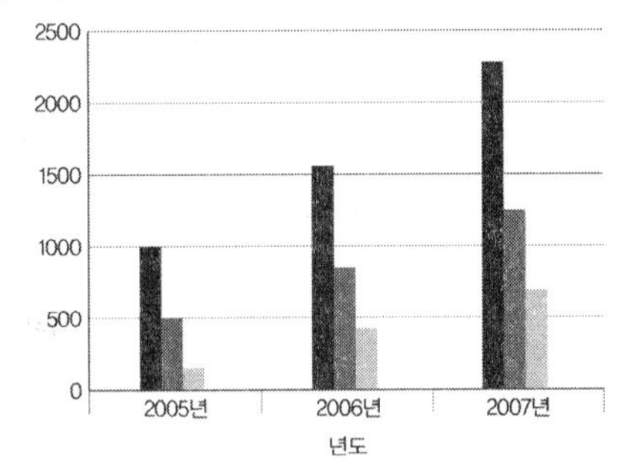

- 비교하고자 하는 수량을 막대 길이로 표시하고 그 길이를 통해 수량 간의 대소관계를 나타내는 그래프이다.
- 내역, 비교, 경과, 도수 등을 표시하는 용도로 쓰인다.

　　㉢ 원 그래프

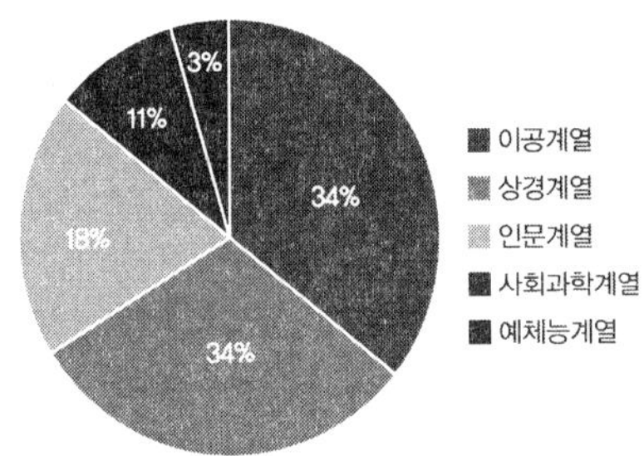

- 내역이나 내용의 구성비를 원을 분할하여 나타낸 그래프이다.
- 전체에 대해 부분이 차지하는 비율을 표시하는 용도로 쓰인다.

ⓔ 점 그래프

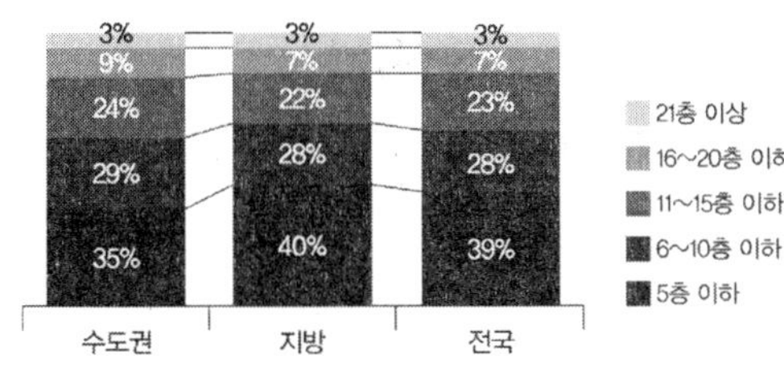

- 종축과 횡축에 2요소를 두고 보고자 하는 것이 어떤 위치에 있는가를 나타내는 그래프이다.
- 지역분포를 비롯하여 도시, 기방, 기업, 상품 등의 평가나 위치·성격을 표시하는데 쓰인다.

ⓜ 층별 그래프

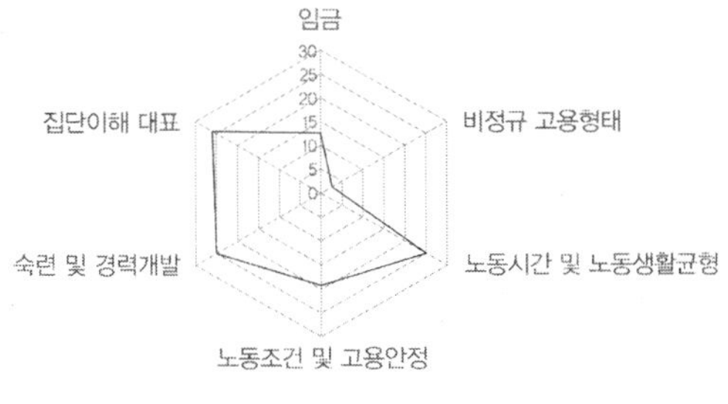

- 선 그래프의 변형으로 연속내역 봉 그래프라고 할 수 있다. 선과 선 사이의 크기로 데이터 변화를 나타낸다.
- 합계와 부분의 크기를 백분율로 나타내고 시간적 변화를 보고자 할 때나 합계와 각 부분의 크기를 실수로 나타내고 시간적 변화를 보고자 할 때 쓰인다.

ⓗ 레이더 차트(거미줄 그래프)

- 원 그래프의 일종으로 비교하는 수량을 직경, 또는 반경으로 나누어 원의 중심에서의 거리에 따라 각 수량의 관계를 나타내는 그래프이다.
- 비교하거나 경과를 나타내는 용도로 쓰인다.

③ 도표 해석상의 유의사항

　㉠ 요구되는 지식의 수준을 넓힌다.

　㉡ 도표에 제시된 자료의 의미를 정확히 숙지한다.

　㉢ 도표로부터 알 수 있는 것과 없는 것을 구별한다.

　㉣ 총량의 증가와 비율의 증가를 구분한다.

　㉤ 백분위수와 사분위수를 정확히 이해하고 있어야 한다.

예제 5

다음 표는 2023~2024년 지역별 직장인들의 자기개발에 관해 조사한 내용을 정리한 것이다. 이에 대한 분석으로 옳은 것은?

(단위 : %)

연도 / 구분 / 지역	2023년				2024년			
	자기개발 하고 있음	자기개발 비용 부담 주체			자기개발 하고 있음	자기개발 비용 부담 주체		
		직장 100%	본인 100%	직장50% + 본인50%		직장 100%	본인 100%	직장50% + 본인50%
충청도	36.8	8.5	88.5	3.1	45.9	9.0	65.5	24.5
제주도	57.4	8.3	89.1	2.9	68.5	7.9	68.3	23.8
경기도	58.2	12	86.3	2.6	71.0	7.5	74.0	18.5
서울시	60.6	13.4	84.2	2.4	72.7	11.0	73.7	15.3
경상도	40.5	10.7	86.1	3.2	51.0	13.6	74.9	11.6

① 2023년과 2024년 모두 자기개발 비용을 본인이 100% 부담하는 사람의 수는 응답자의 절반 이상이다.

② 자기개발을 하고 있다고 응답한 사람의 수는 2023년과 2024년 모두 서울시가 가장 많다.

③ 자기개발 비용을 직장과 본인이 각각 절반씩 부담하는 사람의 비율은 2023년과 2024년 모두 서울시가 가장 높다.

④ 2023년과 204년 모두 자기개발을 하고 있다고 응답한 비율이 가장 높은 지역에서 자기개발비용을 직장이 100% 부담한다고 응답한 사람의 비율이 가장 높다.

그래프, 그림, 도표 등 주어진 자료를 이해하고 의미를 파악하여 필요한 정보를 해석하는 능력을 평가하는 문제이다.

② 지역별 인원수가 제시되어 있지 않으므로, 각 지역별 응답자 수는 알 수 없다.

③ 2023년에는 경상도에서, 2024년에는 충청도에서 가장 높은 비율을 보인다.

④ 2023년과 2024년 모두 '자기 개발을 하고 있다'고 응답한 비율이 가장 높은 지역은 서울시이며, 2024년의 경우 자기개발 비용을 직장이 100% 부담한다고 응답한 사람의 비율이 가장 높은 지역은 경상도이다.

답 ①

(4) 도표작성능력

① 도표작성 절차

　　㉠ 어떠한 도표로 작성할 것인지를 결정

　　㉡ 가로축과 세로축에 나타낼 것을 결정

　　㉢ 한 눈금의 크기를 결정

　　㉣ 자료의 내용을 가로축과 세로축이 만나는 곳에 표현

　　㉤ 표현한 점들을 선분으로 연결

　　㉥ 도표의 제목을 표기

② 도표작성 시 유의사항

　　㉠ 선 그래프 작성 시 유의점

　　　• 세로축에 수량, 가로축에 명칭구분을 제시한다.

　　　• 선의 높이에 따라 수치를 파악하는 경우가 많으므로 세로축의 눈금을 가로축보다 크게 하는 것이 효과적이다.

　　　• 선이 두 종류 이상일 경우 반드시 그 명칭을 기입한다.

　　㉡ 막대 그래프 작성 시 유의점

　　　• 막대 수가 많을 경우에는 눈금선을 기입하는 것이 알아보기 쉽다.

　　　• 막대의 폭은 모두 같게 하여야 한다.

　　㉢ 원 그래프 작성 시 유의점

　　　• 정각 12시의 선을 기점으로 오른쪽으로 그리는 것이 보통이다.

　　　• 분할선은 구성비율이 큰 순서로 그린다.

　　㉣ 층별 그래프 작성 시 유의점

　　　• 눈금은 선 그래프나 막대 그래프보다 적게 하고 눈금선은 넣지 않는다.

　　　• 층별로 색이나 모양이 완전히 다른 것이어야 한다.

　　　• 같은 항목은 옆에 있는 층과 선으로 연결하여 보기 쉽도록 한다.

① 자원과 자원관리

(1) 자원

① 자원의 종류 : 시간, 돈, 물적자원, 인적자원

② 자원의 낭비요인 : 비계획적 행동, 편리성 추구, 자원에 대한 인식 부재, 노하우 부족

(2) 자원관리 기본 과정

① 필요한 자원의 종류와 양 확인

② 이용 가능한 자원 수집하기

③ 자원 활용 계획 세우기

④ 계획대로 수행하기

예제 1

당신은 A출판사 교육훈련 담당자이다. 조직의 효율성을 높이기 위해 전사적인 시간관리에 대한 교육을 실시하기로 하였지만 바쁜 일정 상 직원들을 집합교육에 동원할 수 있는 시간은 제한적이다. 다음 중 귀하가 최우선의 교육 대상으로 삼아야 하는 것은 어느 부분인가?

구분	긴급한 일	긴급하지 않은 일
중요한 일	제1사분면	제2사분면
중요하지 않은 일	제3사분면	제4사분면

① 중요하고 긴급한 일로 위기사항이나 급박한 문제, 기간이 정해진 프로젝트 등이 해당되는 제1사분면
② 긴급하지는 않지만 중요한 일로 인간관계구축이나 새로운 기회의 발굴, 중장기 계획 등이 포함되는 제2사분면
③ 긴급하지만 중요하지 않은 일로 잠깐의 급한 질문, 일부 보고서, 눈 앞의 급박한 사항이 해당되는 제3사분면
④ 중요하지 않고 긴급하지 않은 일로 하찮은 일이나 시간낭비거리, 즐거운 활동 등이 포함되는 제4사분면

출제의도

주어진 일들을 중요도와 긴급도에 따른 시간관리 매트릭스에서 우선순위를 구분할 수 있는가를 측정하는 문항이다.

해 설

교육훈련에서 최우선 교육대상으로 삼아야 하는 것은 긴급하지 않지만 중요한 일이다. 이를 긴급하지 않다고 해서 뒤로 미루다보면 급박하게 처리해야하는 업무가 증가하여 효율적인 시간관리가 어려워진다.

구분	긴급한 일	긴급하지 않은 일
중요한 일	위기사항, 급박한 문제, 기간이 정해진 프로젝트	인간관계구축, 새로운 기회의 발굴, 중장기계획
중요하지 않은 일	잠깐의 급한 질문, 일부 보고서, 눈앞의 급박한 사항	하찮은 일, 우편물, 전화, 시간낭비거리, 즐거운 활동

답 ②

② 자원관리능력을 구성하는 하위 능력

(1) 시간관리능력

① 시간의 특성

　㉠ 시간은 매일 주어지는 기적이다.

　㉡ 시간은 똑같은 속도로 흐른다.

　㉢ 시간의 흐름은 멈추게 할 수 없다.

　㉣ 시간은 꾸거나 저축할 수 없다.

　㉤ 시간은 사용하기에 따라 가치가 달라진다.

② 시간관리의 효과

　㉠ 생산성 향상

　㉡ 가격 인상

　㉢ 위험 감소

　㉣ 시장 점유율 증가

③ 시간계획

　㉠ 개념 : 시간 자원을 최대한 활용하기 위하여 가장 많이 반복되는 일에 가장 많은 시간을 분배하고, 최단시간에 최선의 목표를 달성하는 것을 의미한다.

　㉡ 60 : 40의 Rule

계획된 행동 (60%)	계획 외의 행동 (20%)	자발적 행동 (20%)
총 시간		

유아용품 홍보팀의 사원 A 씨는 일산 킨텍스에서 열리는 유아용품박람회에 참여하고자 한다. 당일 회의 후 출발해야 하며 회의 종료 시간은 오후 3시이다.

장소	일시
일산 킨텍스 제2전시장	2016. 1. 20(금) PM 15:00~19:00 * 입장가능시간은 종료 2시간 전까지

오시는 길
지하철 : 4호선 대화역(도보 30분 거리)
버스 : 8109번, 8407번(도보 5분 거리)

• 회사에서 버스정류장 및 지하철역까지 소요 시간

출발지	도착지		소요시간
회사	×× 정류장	도보	15분
		택시	5분
	지하철역	도보	30분
		택시	10분

• 일산 킨텍스 가는 길

교통편	출발지	도착지	소요시간
지하철	강남역	대화역	1시간 25분
버스	×× 정류장	일산 킨텍스 정류장	1시간 45분

위의 제시 상황을 보고 A 씨가 선택할 교통편으로 가장 적절한 것은?

① 도보 – 지하철
② 도보 – 버스
③ 택시 – 지하철
④ 택시 – 버스

주어진 여러 시간정보를 수집하여 실제 업무 상황에서 시간자원을 어떻게 활용할 것인지 계획하고 할당하는 능력을 측정하는 문항이다.

④ 택시로 버스정류장까지 이동해서 버스를 타고 가게 되면 택시(5분), 버스(1시간 45분), 도보(5분)으로 1시간 55분이 걸린다.
① 도보–지하철 : 도보(30분), 지하철(1시간 25분), 도보(30분)이므로 총 2시간 25분이 걸린다.
② 도보–버스 : 도보(15분), 버스(1시간 45분), 도보(5분)이므로 총 2시간 5분이 걸린다.
③ 택시–지하철 : 택시(10분), 지하철(1시간 25분), 도보(30분)이므로 총 2시간 5분이 걸린다.

답 ②

(2) 예산관리능력

① 예산과 예산관리

　㉠ 예산 : 필요한 비용을 미리 헤아려 계산하는 것이나 그 비용을 말한다.

　㉡ 예산관리 : 활동이나 사업에 소요되는 비용을 산정하고, 예산을 편성하는 것뿐만 아니라 예산을 통제하는 것 모두를 포함한다.

② 예산의 구성요소

비용	직접비용	재료비, 원료와 장비, 시설비, 여행(출장) 및 잡비, 인건비 등
	간접비용	보험료, 건물관리비, 광고비, 통신비, 사무비품비, 각종 공과금 등

③ 예산수립 과정 : 필요한 과업 및 활동 구명 → 우선순위 결정 → 예산 배정

예제 3

당신은 오는 워크숍에서 총무를 맡으라는 지시를 받았다. 다음과 같은 계획에 따라 예산을 진행하였으나 확보된 예산이 생각보다 적게 되어 불가피하게 비용 항목을 줄여야 한다. 다음 중 귀하가 비용 항목을 없애기에 가장 적절한 것은 무엇인가?

〈○○공단 춘계 워크숍〉

1. 해당부서 : 인사관리팀, 영업팀, 재무팀
2. 일   정 : 2026년 4월 21 ~ 23일(2박 3일)
3. 장   소 : 강원도 속초 ○○연수원
4. 행사내용 : 바다열차탑승, 체육대회, 친교의 밤 행사, 기타

① 숙박비
③ 교통비
② 식비
④ 기념품비

출제의도

업무에 소요되는 예산 중 꼭 필요한 것과 예산을 감축해야할 때 삭제 또는 감축이 가능한 것을 구분해 내는 능력을 묻는 문항이다.

해 설

한정된 예산을 가지고 과업을 수행할 때에는 중요도를 기준으로 예산을 사용한다. 위와 같이 불가피하게 비용 항목을 줄여야 한다면 기본적인 항목인 숙박비, 식비, 교통비는 유지되어야 하기에 항목을 없애기 가장 적절한 정답은 ④이 된다.

답 ④

---

(3) 물적관리능력

① 물적자원의 종류

　ㄱ 자연자원 : 자연상태 그대로의 자원 ex) 석탄, 석유 등

　ㄴ 인공자원 : 인위적으로 가공한 자원 ex) 시설, 장비 등

② 물적자원관리 : 물적자원을 효과적으로 관리할 경우 경쟁력 향상이 향상되어 과제 및 사업의 성공으로 이어지며, 관리가 부족할 경우 경제적 손실로 인해 과제 및 사업의 실패 가능성이 커진다.

③ 물적자원 활용의 방해요인

　ㄱ 보관 장소의 파악 문제

　ㄴ 훼손

　ㄷ 분실

④ 물적자원관리 과정

과정	내용
사용 물품과 보관 물품의 구분	• 반복 작업 방지 • 물품활용의 편리성
동일 및 유사 물품으로의 분류	• 동일성의 원칙 • 유사성의 원칙
물품 특성에 맞는 보관 장소 선정	• 물품의 형상 • 물품의 소재

예제 4

S호텔의 외식사업부 소속인 K 씨는 예약일정 관리를 담당하고 있다. 아래의 예약일정과 정보를 보고 K씨의 판단으로 옳지 않은 것은?

〈S호텔 일식 뷔페 1월 ROOM 예약 일정〉

* 예약 : ROOM 이름(시작시간)

SUN	MON	TUE	WED	THU	FRI	SAT
					1	2
					백합(16)	장미(11) 백합(15)
3	4	5	6	7	8	9
라일락(15)	백향목(10) 백합(15)	장미(10) 백향목(17)	백합(11) 라일락(18)	백향목(15)	장미(10) 라일락(15)

ROOM 구분	수용가능인원	최소투입인력	연회장 이용시간
백합	20	3	2시간
장미	30	5	3시간
라일락	25	4	2시간
백향목	40	8	3시간

- 오후 9시에 모든 업무를 종료함
- 한 타임 끝난 후 1시간씩 세팅 및 정리
- 동 시간 대 서빙 투입인력은 총 10명을 넘을 수 없음

안녕하세요. 1월 첫째 주 또는 둘째 주에 신년회 행사를 위해 ROOM을 예약하려고 하는데요. 저희 동호회의 총 인원은 27명이고 오후 8시쯤 마무리하려고 합니다. 신정과 주말, 월요일은 피하고 싶습니다. 예약이 가능할까요?

① 인원을 고려했을 때 장미ROOM과 백향목ROOM이 적합하겠군.
② 만약 2명이 안 온다면 예약 가능한 ROOM이 늘어나겠구나.
③ 조건을 고려했을 때 예약 가능한 ROOM은 5일 장미ROOM뿐이겠구나.
④ 오후 5시부터 8시까지 가능한 ROOM을 찾아야 해.

주어진 정보와 일정표를 토대로 이용 가능한 물적자원을 확보하여 이를 정확하게 안내할 수 있는 능력을 측정하는 문항이다. 고객이 제공한 정보를 정확하게 파악하고 그 조건 안에서 가능한 자원을 제공할 수 있어야 한다.

해 설

③ 조건을 고려했을 때 5일 장미 ROOM과 7일 장미ROOM이 예약 가능하다.
① 참석 인원이 27명이므로 30명 수용 가능한 장미ROOM과 40명 수용 가능한 백향목ROOM 두 곳이 적합하다.
② 만약 2명이 안 온다면 총 참석인원 25명이므로 라일락ROOM, 장미 ROOM, 백향목ROOM이 예약 가능하다.
④ 오후 8시에 마무리하려고 계획하고 있으므로 적절하다.

답 ③

(4) 인적자원관리능력

① 인맥 : 가족, 친구, 직장동료 등 자신과 직접적인 관계에 있는 사람들인 핵심 인맥과 핵심인맥들로 부터 알게 된 파생 인맥이 존재한다.

② 인적자원의 특성 : 능동성, 개발가능성, 전략적 자원

③ 인력배치의 원칙

    ㉠ 적재적소주의 : 팀의 효율성을 높이기 위해 팀원의 능력이나 성격 등과 가장 적합한 위치에 배치하여 팀원 개개인의 능력을 최대로 발휘해 줄 것을 기대하는 것

    ㉡ 능력주의 : 개인에게 능력을 발휘할 수 있는 기회와 장소를 부여하고 그 성과를 바르게 평가하며 평가된 능력과 실적에 대해 그에 상응하는 보상을 주는 원칙

    ㉢ 균형주의 : 모든 팀원에 대한 적재적소를 고려

④ 인력배치의 유형

    ㉠ 양적 배치 : 부문의 작업량과 조업도, 여유 또는 부족 인원을 감안하여 소요인원을 결정하여 배치하는 것

    ㉡ 질적 배치 : 적재적소의 배치

    ㉢ 적성 배치 : 팀원의 적성 및 흥미에 따라 배치하는 것

예제 5

최근 조직개편 및 연봉협상 과정에서 직원들의 불만이 높아지고 있다. 온갖 루머가 난무한 가운데 인사팀원인 당신에게 사내 게시판의 직원 불만사항에 대한 진위여부를 파악하고 대안을 세우라는 팀장의 지시를 받았다. 다음 중 당신이 조치를 취해야 하는 직원은 누구인가?

① 사원 A는 팀장으로부터 업무 성과가 탁월하다는 평가를 받았는데도 조직개편으로 인한 부서 통합으로 인해 승진을 못한 것이 불만이다.

② 사원 B는 회사가 예년에 비해 높은 영업 이익을 얻었는데도 불구하고 연봉 인상에 인색한 것이 불만이다.

③ 사원 C는 회사가 급여 정책을 변경해서 고정급 비율을 낮추고 기본급과 인센티브를 지급하는 제도로 바꾼 것이 불만이다.

④ 사원 D는 입사 동기인 동료가 자신보다 업무 실적이 좋지 않고 불성실한 근무태도를 가지고 있는데, 팀장과의 친분으로 인해 자신보다 높은 평가를 받은 것이 불만이다.

출제의도

주어진 직원들의 정보를 통해 시급하게 진위여부를 가리고 조치하여 인력배치를 해야 하는 사항을 확인하는 문제이다.

해 설

사원 A, B, C는 각각 조직 정책에 대한 불만이기에 논의를 통해 조직적으로 대처하는 것이 옳지만, 사원 D는 팀장의 독단적인 전횡에 대한 불만이기 때문에 조사하여 시급히 조치할 필요가 있다. 따라서 가장 적절한 답은 ④이 된다.

답 ④

❶ 정보화사회와 정보능력

(1) 정보와 정보화사회

① 자료 · 정보 · 지식

구분	특징
자료(Data)	객관적 실제의 반영이며, 그것을 전달할 수 있도록 기호화한 것
정보(Information)	자료를 특정한 목적과 문제해결에 도움이 되도록 가공한 것
지식(Knowledge)	정보를 집적하고 체계화하여 장래의 일반적인 사항에 대비해 보편성을 갖도록 한 것

② 정보화사회 : 필요로 하는 정보가 사회의 중심이 되는 사회

(2) 업무수행과 정보능력

① 컴퓨터의 활용 분야

   ㉠ 기업 경영 분야에서의 활용 : 판매, 회계, 재무, 인사 및 조직관리, 금융 업무 등

   ㉡ 행정 분야에서의 활용 : 민원처리, 각종 행정 통계 등

   ㉢ 산업 분야에서의 활용 : 공장 자동화, 산업용 로봇, 판매시점 관리시스템(POS) 등

   ㉣ 기타 분야에서의 활용 : 교육, 연구소, 출판, 가정, 도서관, 예술 분야 등

② 정보처리과정

   ㉠ 정보 활용 절차 : 기획 → 수집 → 관리 → 활용

   ㉡ 5W2H : 정보 활용의 전략적 기획

     • WHAT(무엇을?) : 정보의 입수대상을 명확히 한다.

     • WHERE(어디에서?) : 정보의 소스(정보원)를 파악한다.

     • WHEN(언제까지) : 정보의 요구(수집)시점을 고려한다.

     • WHY(왜?) : 정보의 필요목적을 염두에 둔다.

     • WHO(누가?) : 정보활동의 주체를 확정한다.

     • HOW(어떻게) : 정보의 수집방법을 검토한다.

     • HOW MUCH(얼마나?) : 정보수집의 비용성(효용성)을 중시한다.

5W2H는 정보를 전략적으로 수집·활용할 때 주로 사용하는 방법이다. 5W2H에 대한 설명으로 옳지 않은 것은?

① WHAT : 정보의 수집방법을 검토한다.
② WHERE : 정보의 소스(정보원)를 파악한다.
③ WHEN : 정보의 요구(수집)시점을 고려한다.
④ HOW : 정보의 수집방법을 검토한다.

출제의도

방대한 정보들 중 꼭 필요한 정보와 수집 방법 등을 전략적으로 기획하고 정보수집이 이루어질 때 효과적인 정보 수집이 가능해진다. 5W2H는 이러한 전략적 정보 활용 기획의 방법으로 그 개념을 이해하고 있는지를 묻는 질문이다.

해 설

5W2H의 'WHAT'은 정보의 입수대상을 명확히 하는 것이다. 정보의 수집방법을 검토하는 것은 HOW(어떻게)에 해당되는 내용이다.

답 ①

(3) 사이버공간에서 지켜야 할 예절

① 인터넷의 역기능

   ㉠ 불건전 정보의 유통

   ㉡ 개인 정보 유출

   ㉢ 사이버 성폭력

   ㉣ 사이버 언어폭력

   ㉤ 언어 훼손

   ㉥ 인터넷 중독

   ㉦ 불건전한 교제

   ㉧ 저작권 침해

② 네티켓(netiquette) : 네트워크(network) + 에티켓(etiquette)

(4) 정보의 유출에 따른 피해사례

① 개인정보의 종류

　　㉠ 일반 정보 : 이름, 주민등록번호, 운전면허정보, 주소, 전화번호, 생년월일, 출생지, 본적지, 성별, 국적 등

　　㉡ 가족 정보 : 가족의 이름, 직업, 생년월일, 주민등록번호, 출생지 등

　　㉢ 교육 및 훈련 정보 : 최종학력, 성적, 기술자격증/전문면허증, 이수훈련 프로그램, 서클 활동, 상벌사항, 성격/행태보고 등

　　㉣ 병역 정보 : 군번 및 계급, 제대유형, 주특기, 근무부대 등

　　㉤ 부동산 및 동산 정보 : 소유주택 및 토지, 자동차, 저축현황, 현금카드, 주식 및 채권, 수집품, 고가의 예술품 등

　　㉥ 소득 정보 : 연봉, 소득의 원천, 소득세 지불 현황 등

　　㉦ 기타 수익 정보 : 보험가입현황, 수익자, 회사의 판공비 등

　　㉧ 신용 정보 : 대부상황, 저당, 신용카드, 담보설정 여부 등

　　㉨ 고용 정보 : 고용주, 회사주소, 상관의 이름, 직무수행 평가 기록, 훈련기록, 상벌기록 등

　　㉩ 법적 정보 : 전과기록, 구속기록, 이혼기록 등

　　㉪ 의료 정보 : 가족병력기록, 과거 의료기록, 신체장애, 혈액형 등

　　㉫ 조직 정보 : 노조가입, 정당가입, 클럽회원, 종교단체 활동 등

　　㉬ 습관 및 취미 정보 : 흡연/음주량, 여가활동, 도박성향, 비디오 대여기록 등

② 개인정보 유출방지 방법

　　㉠ 회원 가입 시 이용 약관을 읽는다.

　　㉡ 이용 목적에 부합하는 정보를 요구하는지 확인한다.

　　㉢ 비밀번호는 정기적으로 교체한다.

　　㉣ 정체불명의 사이트는 멀리한다.

　　㉤ 가입 해지 시 정보 파기 여부를 확인한다.

　　㉥ 남들이 쉽게 유추할 수 있는 비밀번호는 자제한다.

❷ 정보능력을 구성하는 하위능력

(1) 컴퓨터활용능력

① 인터넷 서비스 활용

　㉠ 전자우편(E-mail) 서비스 : 정보 통신망을 이용하여 다른 사용자들과 편지나 여러 정보를 주고받는 통신 방법

　㉡ 인터넷 디스크/웹 하드 : 웹 서버에 대용량의 저장 기능을 갖추고 사용자가 개인용 컴퓨터의 하드디스크와 같은 기능을 인터넷을 통하여 이용할 수 있게 하는 서비스

　㉢ 메신저 : 인터넷에서 실시간으로 메시지와 데이터를 주고받을 수 있는 소프트웨어

　㉣ 전자상거래 : 인터넷을 통해 상품을 사고팔거나 재화나 용역을 거래하는 사이버 비즈니스

② 정보검색 : 여러 곳에 분산되어 있는 수많은 정보 중에서 특정 목적에 적합한 정보만을 신속하고 정확하게 찾아내어 수집, 분류, 축적하는 과정

　㉠ 검색엔진의 유형

　　• 키워드 검색 방식 : 찾고자 하는 정보와 관련된 핵심적인 언어인 키워드를 직접 입력하여 이를 검색 엔진에 보내어 검색 엔진이 키워드와 관련된 정보를 찾는 방식

　　• 주제별 검색 방식 : 인터넷상에 존재하는 웹 문서들을 주제별, 계층별로 정리하여 데이터베이스를 구축한 후 이용하는 방식

　　• 통합형 검색방식 : 사용자가 입력하는 검색어들이 연계된 다른 검색 엔진에게 보내고 이를 통하여 얻어진 검색 결과를 사용자에게 보여주는 방식

　㉡ 정보 검색 연산자

기호	연산자	검색조건
*, &	AND	두 단어가 모두 포함된 문서를 검색
|	OR	두 단어가 모두 포함되거나 두 단어 중에서 하나만 포함된 문서를 검색
-, !	NOT	'-' 기호나 '!' 기호 다음에 오는 단어는 포함하지 않는 문서를 검색
~, near	인접검색	앞/뒤의 단어가 가깝게 있는 문서를 검색

③ 소프트웨어의 활용

　㉠ 워드프로세서

　　• 특징 : 문서의 내용을 화면으로 확인하면서 쉽게 수정 가능, 문서 작성 후 인쇄 및 저장 가능, 글이나 그림의 입력 및 편집 가능

　　• 기능 : 입력기능, 표시기능, 저장기능, 편집기능, 인쇄기능 등

ⓛ 스프레드시트

- 특징 : 쉽게 계산 수행, 계산 결과를 차트로 표시, 문서를 작성하고 편집 가능
- 기능 : 계산, 수식, 차트, 저장, 편집, 인쇄기능 등

예제 2

귀하는 커피 전문점을 운영하고 있다. 아래와 같이 엑셀 워크시트로 4개 지점의 원두 구매 수량과 단가를 이용하여 금액을 산출하고 있다. 귀하가 다음 중 D3셀에서 사용하고 있는 함수식으로 옳은 것은? (단, 금액 = 수량 × 단가)

	A	B	C	D	E
1	지점	원두	수량(100g)	금액	
2	A	케냐	15	150000	
3	B	콜롬비아	25	175000	
4	C	케냐	30	300000	
5	D	브라질	35	210000	
6					
7		원두	100g당 단가		
8		케냐	10,000		
9		콜롬비아	7,000		
10		브라질	6,000		
11					

① =C3*VLOOKUP(B3, $B$8:$C$10, 1, 1)

② =B3*HLOOKUP(C3, $B$8:$C$10, 2, 0)

③ =C3*VLOOKUP(B3, $B$8:$C$10, 2, 0)

④ =C3*HLOOKUP($B$8:$C$10, 2, B3)

ⓒ 프레젠테이션

- 특징 : 각종 정보를 사용자 또는 대상자에게 쉽게 전달
- 기능 : 저장, 편집, 인쇄, 슬라이드 쇼 기능 등

ⓓ 유틸리티 프로그램 : 파일 압축 유틸리티, 바이러스 백신 프로그램

④ 데이터베이스의 필요성

ⓐ 데이터의 중복을 줄인다.

ⓑ 데이터의 무결성을 높인다.

ⓒ 검색을 쉽게 해준다.

ⓓ 데이터의 안정성을 높인다.

ⓔ 개발기간을 단축한다.

(2) 정보처리능력

① 정보원 : 1차 자료는 원래의 연구성과가 기록된 자료이며, 2차 자료는 1차 자료를 효과적으로 찾아보기 위한 자료 또는 1차 자료에 포함되어 있는 정보를 압축·정리한 형태로 제공하는 자료이다.

  ㉠ 1차 자료 : 단행본, 학술지와 논문, 학술회의자료, 연구보고서, 학위논문, 특허정보, 표준 및 규격자료, 레터, 출판 전 배포자료, 신문, 잡지, 웹 정보자원 등

  ㉡ 2차 자료 : 사전, 백과사전, 편람, 연감, 서지데이터베이스 등

② 정보분석 및 가공

  ㉠ 정보분석의 절차 : 분석과제의 발생 → 과제(요구)의 분석 → 조사항목의 선정 → 관련정보의 수집(기존자료 조사/신규자료 조사) → 수집정보의 분류 → 항목별 분석 → 종합·결론 → 활용·정리

  ㉡ 가공 : 서열화 및 구조화

③ 정보관리

  ㉠ 목록을 이용한 정보관리

  ㉡ 색인을 이용한 정보관리

  ㉢ 분류를 이용한 정보관리

예제 3

인사팀에서 근무하는 J 씨는 회사가 성장함에 따라 직원 수가 급증하기 시작하면서 직원들의 정보관리 방법을 모색하던 중 다음과 같은 A사의 직원 정보관리 방법을 보게 되었다. J 씨는 A사가 하고 있는 이 방법을 회사에도 도입하고자 한다. 이 방법은 무엇인가?

> A사의 인사부서에 근무하는 H 씨는 직원들의 개인정보를 관리하는 업무를 담당하고 있다. A사에서 근무하는 직원은 수천 명에 달하기 때문에 H 씨는 주요 키워드나 주제어를 가지고 직원들의 정보를 구분하여 관리하여, 찾을 때도 쉽고 내용을 수정할 때도 이전보다 훨씬 간편할 수 있도록 했다.

① 목록을 활용한 정보관리
② 색인을 활용한 정보관리
③ 분류를 활용한 정보관리
④ 1:1 매칭을 활용한 정보관리

출제의도

본 문항은 정보관리 방법의 개념을 이해하고 있는가를 묻는 문제이다.

해 설

주어진 자료의 A사에서 사용하는 정보관리는 주요 키워드나 주제어를 가지고 정보를 관리하는 방식인 색인을 활용한 정보관리이다. 디지털 파일에 색인을 저장할 경우 추가, 삭제, 변경 등이 쉽다는 점에서 정보관리에 효율적이다.

답 ②

1 직장생활에서의 대인관계

(1) 윤리의 의미

① 윤리적 인간 : 공동의 이익을 추구하고 도덕적 가치 신념을 기반으로 형성된다.

② 윤리규범의 형성 : 공동생활과 협력을 필요로 하는 인간생활에서 형성되는 공동행동의 룰을 기반으로 형성된다.

③ 윤리의 의미 : 인간과 인간 사이에서 지켜야 할 도리를 바르게 하는 것으로 인간 사회에 필요한 올바른 질서라고 할 수 있다.

예제 1

윤리에 대한 설명으로 옳지 않은 것은?

① 윤리는 인간과 인간 사이에서 지켜져야 할 도리를 바르게 하는 것으로 볼 수 있다.
② 동양적 사고에서 윤리는 인륜과 동일한 의미이며, 엄격한 규율이나 규범의 의미가 배어 있다.
③ 인간은 윤리를 존중하며 살아야 사회가 질서와 평화를 얻게 되고, 모든 사람이 안심하고 개인적 행복을 얻게 된다.
④ 윤리는 세상에 두 사람 이상이 있으면 존재하며, 반대로 혼자 있을 때도 지켜져야 한다.

출제의도

윤리의 의미와 윤리적 인간, 윤리규범의 형성 등에 대한 기본적인 이해를 평가하는 문제이다.

해 설

윤리는 인간과 인간 사이에서 지켜져야 할 도리를 바르게 하는 것으로서 이 세상에 두 사람 이상이 있으면 존재하고 반대로 혼자 있을 때에는 의미가 없는 말이 되기도 한다.

답 ④

---

(2) 직업의 의미

① 직업은 본인의 자발적 의사에 의한 장기적으로 지속하는 일로, 경제적 보상이 따라야 한다.

② 입신출세론 : 입신양명(立身揚名)이 입신출세(立身出世)로 바뀌면서 현대에 와서는 직업 활동의 결과를 출세에 비중을 두는 경향이 짙어졌다.

③ 3D 기피 현상 : 힘들고(Difficult), 더럽고(Dirty), 위험한(Dangerous) 일은 하지 않으려고 하는 현상

(3) 직업윤리

① 직업윤리란 직업인이라면 반드시 지켜야 할 공통적인 윤리규범으로 어느 직장에 다니느냐를 구분하지 않는다.

② 직업윤리와 개인윤리의 조화
    ㉠ 업무상 행하는 개인의 판단과 행동이 사회적 파급력이 큰 기업시스템을 통하여 다수의 이해관계자와 관련된다.
    ㉡ 많은 사람의 고도화된 협력을 요구하므로 맡은 역할에 대한 책임완수와 투명한 일 처리가 필요하다.
    ㉢ 규모가 큰 공동 재산·정보 등을 개인이 관리하므로 높은 윤리 의식이 요구된다.
    ㉣ 직장이라는 특수 상황에서 갖는 집단적 인간관계는 가족관계, 친분관계와는 다른 배려가 요구된다.
    ㉤ 기업은 경쟁을 통하여 사회적 책임을 다하고, 더욱 강한 경쟁력을 키우기 위하여 조직원인의 역할과 능력을 꾸준히 향상시켜야 한다.
    ㉥ 직무에 따른 특수한 상황에서는 개인 차원의 일반 상식과 기준으로는 규제할 수 없는 경우가 많다.

예제 2

직업윤리에 대한 설명으로 옳지 않은 것은?

① 개인윤리를 바탕으로 각자가 직업에 종사하는 과정에서 요구되는 특수한 윤리규범이다.
② 직업에 종사하는 현대인으로서 누구나 공통적으로 지켜야 할 윤리기준을 직업윤리라 한다.
③ 개인윤리의 기본 덕목인 사랑, 자비 등과 공동발전의 추구, 장기적 상호이익 등의 기본은 직업윤리도 동일하다.
④ 직업을 가진 사람이라면 반드시 지켜야 할 윤리규범이며, 중소기업 이상의 직장에 다니느냐에 따라 구분된다.

출제의도

직업윤리의 정의와 내용에 대한 올바른 이해를 요구하는 문제이다.

해 설

직업윤리란 직업을 가진 사람이라면 반드시 지켜야 할 공통적인 윤리규범을 말하는 것으로 어느 직장에 다니느냐를 구분하지 않는다.

답 ④

---

② 직업윤리를 구성하는 하위 능력

(1) 근로윤리

① 근면한 태도
    ㉠ 근면이란 게으르지 않고 부지런한 것으로, 근면하기 위해서는 일에 임할 때 적극적이고 능동적인 자세가 필요하다.
    ㉡ 근면의 종류
        • 외부로부터 강요당한 근면
        • 스스로 자진해서 하는 근면

② 정직한 행동

　　㉠ 정직은 신뢰를 형성하고 유지하는 데 기본적이고 필수적인 규범이다.

　　㉡ 정직과 신용을 구축하기 위한 지침

　　　　• 정직과 신뢰의 자산을 매일 조금씩 쌓아가자.

　　　　• 잘못된 것도 정직하게 밝히자.

　　　　• 타협하거나 부정직을 눈감아 주지 말자.

　　　　• 부정직한 관행은 인정하지 말자.

③ 성실한 자세 : 성실은 일관하는 마음과 정성의 덕으로 자신의 일에 최선을 다하고자 하는 마음자세를 가지고 업무에 임하는 것이다.

예제 3

우리 사회에서 정직과 신용을 구축하기 위한 지침으로 볼 수 없는 것은?

① 정직과 신뢰의 자산을 매일 조금씩 쌓아가도록 한다.
② 잘못된 것도 정직하게 밝혀야 한다.
③ 작은 실수는 눈감아 주고 때론 타협을 하여야 한다.
④ 부정직한 관행은 인정하지 말아야 한다.

출제의도

근로윤리 중에서도 정직한 행동과 성실한 자세에 대해 올바르게 이해하고 있는지 평가하는 문제이다.

해 설

타협하거나 부정직한 일에 대해서는 눈감아주지 말아야 한다.

답 ③

---

(2) 공동체 윤리

① 봉사(서비스)의 의미

　　㉠ 직업인에게 봉사란 자신보다 고객의 가치를 최우선으로 하는 서비스 개념이다.

　　㉡ SERVICE의 7가지 의미

　　　　• S(Smile & Speed) : 서비스는 미소와 함께 신속하게 하는 것

　　　　• E(Emotion) : 서비스는 감동을 주는 것

　　　　• R(Respect) : 서비스는 고객을 존중하는 것

　　　　• V(Value) : 서비스는 고객에게 가치를 제공하는 것

　　　　• I(Image) : 서비스는 고객에게 좋은 이미지를 심어 주는 것

　　　　• C(Courtesy) : 서비스는 예의를 갖추고 정중하게 하는 것

　　　　• E(Excellence) : 서비스는 고객에게 탁월하게 제공되어져야 하는 것

　　㉢ 고객접점서비스 : 고객과 서비스 요원 사이에서 15초 동안의 짧은 순간에 이루어지는 서비스로, 이 순간을 진실의 순간(MOT ; Moment of Truth) 또는 결정적 순간이라고 한다.

② 책임의 의미 : 책임은 모든 결과는 나의 선택으로 인한 결과임을 인식하는 태도로, 상황을 회피하지 않고 맞닥뜨려 해결하는 자세가 필요하다.

③ 준법의 의미 : 준법은 민주 시민으로서 기본적으로 지켜야 하는 의무이며 생활 자세이다.

④ 예절의 의미 : 예절은 일정한 생활문화권에서 오랜 생활습관을 통해 하나의 공통된 생활방법으로 정립되어 관습적으로 행해지는 사회계약적 생활규범으로, 언어문화권에 따라 다르고 같은 언어문화권이라도 지방에 따라 다를 수 있다.

⑤ 직장에서의 예절
　㉠ 직장에서의 인사 예절
　　• 악수
　　－악수를 하는 동안에는 상대에게 집중하는 의미로 반드시 눈을 맞추고 미소를 짓는다.
　　－악수를 할 때는 오른손을 사용하고, 너무 강하게 쥐어짜듯이 잡지 않는다.
　　－악수는 힘 있게 해야 하지만 상대의 뼈를 부수듯이 손을 잡지 말아야 한다.
　　－악수는 서로의 이름을 말하고 간단한 인사 몇 마디를 주고받는 정도의 시간 안에 끝내야 한다.
　　• 소개
　　－나이 어린 사람을 연장자에게 소개한다.
　　－내가 속해 있는 회사의 관계자를 타 회사의 관계자에게 소개한다.
　　－신참자를 고참자에게 소개한다.
　　－동료직원을 고객, 손님에게 소개한다.
　　－비임원을 임원에게 소개한다.
　　－소개받는 사람의 별칭은 그 이름이 비즈니스에서 사용되는 것이 아니라면 사용하지 않는다.
　　－반드시 성과 이름을 함께 말한다.
　　－상대방이 항상 사용하는 경우라면, Dr. 또는 Ph.D. 등의 칭호를 함께 언급한다.
　　－정부 고관의 직급명은 퇴직한 경우라도 항상 사용한다.
　　－천천히 그리고 명확하게 말한다.
　　－각각의 관심사와 최근의 성과에 대하여 간단한 언급을 한다.
　　• 명함 교환
　　－명함은 반드시 명함 지갑에서 꺼내고 상대방에게 받은 명함도 명함 지갑에 넣는다.
　　－상대방에게서 명함을 받으면 받은 즉시 호주머니에 넣지 않는다.
　　－명함은 하위에 있는 사람이 먼저 꺼내는데 상위자에 대해서는 왼손으로 가볍게 받쳐 내는 것이 예의이며, 동위자, 하위자에게는 오른손으로만 쥐고 건넨다.
　　－명함을 받으면 그대로 집어넣지 말고 명함에 관해서 한 두 마디 대화를 건네 본다.
　　－쌍방이 동시에 명함을 꺼낼 때는 왼손으로 서로 교환하고 오른손으로 옮겨진다.

ⓛ 직장에서의 전화 예절

• 전화걸기

-전화를 걸기 전에 먼저 준비를 한다. 정보를 얻기 위해 전화를 하는 경우라면 얻고자 하는 내용을 미리 메모하도록 한다.

-전화를 건 이유를 숙지하고 이와 관련하여 대화를 나눌 수 있도록 준비한다.

-전화는 정상적인 업무가 이루어지고 있는 근무 시간에 걸도록 한다.

-원하는 상대와 통화할 수 없을 경우에 대비하여 비서나 다른 사람에게 메시지를 남길 수 있도록 준비한다.

-전화는 직접 걸도록 한다.

-전화를 해 달라는 메시지를 받았다면 가능한 한 48시간 안에 답해주도록 한다.

• 전화받기

-전화벨이 3~4번 울리기 전에 받는다.

-누구인지 즉시 말한다.

-천천히, 명확하게 예의를 갖추고 말한다.

-밝은 목소리로 말한다.

-말을 할 때 상대방의 이름을 함께 사용한다.

-메시지를 받아 적을 수 있도록 펜과 메모지를 곁에 둔다.

-주위의 소음을 최소화한다.

-긍정적인 말로 전화 통화를 마치고 전화를 건 상대방에게 감사를 표시한다.

• 휴대전화

-당신이 어디에서 휴대전화로 전화를 하든지 간에 상대방에게 통화를 강요하지 않는다.

-상대방이 장거리 요금을 지불하게 되는 휴대전화의 사용은 피한다.

-운전하면서 휴대전화를 하지 않는다.

-친구의 휴대전화를 빌려 달라고 부탁하지 않는다.

-비상시에만 휴대전화를 사용하는 친구에게는 휴대전화로 전화하지 않는다.

ⓒ 직장에서의 E-mail 예절

• E-mail 보내기

-상단에 보내는 사람의 이름을 적는다.

-메시지에는 언제나 제목을 넣도록 한다.

-메시지는 간략하게 만든다.

-요점을 빗나가지 않는 제목을 잡도록 한다.

-올바른 철자와 문법을 사용한다.

• E-mail 답하기

-원래 내용과 관련된 일관성 있는 답을 하도록 한다.

-다른 비즈니스 서신에서와 마찬가지로 화가 난 감정의 표현을 보내는 것은 피한다.

-답장이 어디로, 누구에게로 보내는지 주의한다.

⑥ 성예절을 지키기 위한 자세 ··· 직장에서 여성의 특징을 살린 한정된 업무를 담당하던 과거와는 달리 여성과 남성이 대등한 동반자 관계로 동등한 역할과 능력 발휘를 한다는 인식을 가질 필요가 있다.

㉠ 직장 내에서 여성이 남성과 동등한 지위를 보장받기 위해서 조직은 여건을 조성해야 한다.

㉡ 성희롱 문제를 사전에 예방하고 효과적으로 처리하는 방안이 필요한 것이다.

㉢ 남성 위주의 가부장적 문화와 성 역할에 대한 과거의 잘못된 인식을 타파하고 남녀공존의 직장문화를 정착하는 노력이 필요하다.

예제 4

예절에 대한 설명으로 옳지 않은 것은?

① 예절은 일정한 생활문화권에서 오랜 생활습관을 통해 하나의 공통된 생활방식으로 정립되어 관습적으로 행해지는 사회계약적인 생활규범이라 할 수 있다.
② 예절은 언어문화권에 따라 다르나 동일한 언어문화권일 경우에는 모두 동일하다.
③ 무리를 지어 하나의 문화를 형성하여 사는 일정한 지역을 생활문화권이라 하며, 이 문화권에 사는 사람들이 가장 편리하고 바람직한 방법이라고 여겨 그렇게 행하는 생활방법이 예절이다.
④ 예절은 한 나라에서 통일되어야 국민들이 생활하기가 수월하며, 올바른 예절을 지키는 것이 바른 삶을 사는 것이라 할 수 있다.

공동체윤리에 속하는 여러 항목 중 예절의 의미와 특성에 대한 이해능력을 평가하는 문제이다.

예절은 언어문화권에 따라 다르고, 동일한 언어문화권이라도 지방에 따라 다를 수 있다. 예를 들면 우리나라의 경우 서울과 지방에 따라 예절이 조금씩 다르다.

답 ②

02 NCS 대표 유형

의사소통능력 대표유형

의사소통은 직장생활에서 조직과 팀의 효율성과 효과성을 성취할 목적으로 이루어지는 구성원 간의 정보와 지식 전달 과정으로, 의사소통능력은 업무능력의 기본이 된다. 크게 어휘, 어법, 독해 유형으로 구분되며 공문, 보도자료, 상품설명서, 약관 등의 실용문과 함께 정치 · 경제 · 사회 · 과학 · 문화 · 예술 등 다양한 분야의 지문이 출제된다.

1

다음 글의 중심 내용으로 가장 적절한 것은?

> 인간은 사회적 존재로서 타인과 관계를 맺으며 살아간다. 단순한 만남을 넘어 상호작용을 통해 서로의 생각과 감정을 주고받는 과정이며, 원만한 인간관계는 개인에게 심리적 안정과 소속감을 제공하고 사회적 협력을 가능하게 한다. 그러나 인간관계는 언제나 긍정적인 결과만을 가져오지는 않는다. 오해와 갈등이 발생하면 관계가 긴장되거나 단절되기도 한다.
>
> 인간관계 고민은 성장 과정에서부터 성인이 된 이후까지 부딪히게 된다. 사회 경험이 쌓이더라도 관계의 문제는 완전히 사라지지 않기 때문에 많은 사람들이 인간관계에 대한 조언을 구하거나 관련 서적을 찾는데, 이는 인간관계가 개인의 삶에서 얼마나 중요한 위치를 차지하는지를 보여준다.
>
> 학자들은 인간관계를 이해하는 데 있어 두 가지 측면을 강조한다. 하나는 인간관계가 개인의 선택과 노력에 의해 형성 · 유지된다는 점이다. 예컨대 적극적인 의사소통과 배려는 갈등을 예방하고 관계의 질을 높인다. 다른 하나는 인간관계가 사회적 · 문화적 맥락 속에서 규정된다는 점이다. 즉, 같은 행동이라도 사회적 규범이나 문화적 기대에 따라 다르게 받아들여질 수 있다.
>
> 이처럼 인간관계는 개인적 요인과 사회적 요인이 복합적으로 작용하는 가운데 형성된다. 따라서 인간관계를 이해한다는 것은 단순히 개인 간의 호불호를 넘어서, 그 관계가 어떤 맥락 속에서 형성 · 발전 · 변화하는지를 살펴보는 과정이라 할 수 있다.

① 인간관계의 고충

② 인간관계의 이해

③ 의사소통의 필요성

④ 사회적 규범의 영향

논리 전개에 따라 ㈎ ~ ㈕의 순서가 적절한 것은?

㈎ 오늘날 AI는 기술 발전과 함께 그 모습을 지속적으로 확장시키고 있다. 금융, 제조, 의료, 서비스, 예술, 복지 등에 폭넓게 적용되어 투자 분석 및 신용 평가, 로봇 활용, 신약 개발, 맞춤형 추천 언어 번역, 이미지 인식, 노인 돌봄 서비스 등으로 현대 사회 생활 전반에 다양한 영향을 미치며 인간의 생활을 크게 변화시키고 있다.

㈏ 이러한 협업의 확대는 단순한 편의를 넘어 새로운 사회적·경제적 구조를 만들어내고 있다. 이렇듯 AI를 인류 발전의 동력으로 보는 반면, 일자리 축소, 감시 및 통제 강화, 범죄 이용, 인간 고유의 가치가 위협 받을 가능성을 우려하는 시각도 존재한다.

㈐ AI의 적용 범위는 단순한 생활 편의를 넘어 산업 전반으로 확대되고 있으며 이러한 변화는 기업과 조직의 경쟁력을 결정짓는 핵심 요소로도 자리 잡고 있다.

㈑ 인간과 AI의 협업은 비즈니스 혁신의 변곡점을 맞이했으며, AI가 단순한 보조적 도구를 넘어 의사결정과 창의적 활동에까지 관여하고 있다. 인간은 반복적이고 기계적인 일을 줄이는 대신 전략적 사고와 창의성을 발휘할 기회를 얻게 되었고, AI는 방대한 데이터 분석과 예측을 담당하며 인간과 기계가 서로의 한계를 보완하는 구조가 형성되고 있다.

㈒ 이처럼 기대와 우려가 공존하는 만큼, 한쪽 시각으로만 평가하기는 어려우며 더 이상 AI를 기술적 발명품으로만 이해할 수 없다. 이미 현대 사회 전반에 긴밀히 연결되어 있다. 결국 어떤 의도와 맥락 속에서 개발·사용되느냐에 따라 인류와 사회에 미치는 영향은 달라질 수 있다.

① ㈎ → ㈏ → ㈑ → ㈐ → ㈒

② ㈎ → ㈐ → ㈑ → ㈏ → ㈒

③ ㈏ → ㈎ → ㈐ → ㈑ → ㈒

④ ㈏ → ㈑ → ㈎ → ㈏ → ㈒

3

다음 글에서 언급한 스마트 팩토리의 특징으로 옳지 않은 것은?

최근 스포츠 브랜드 A에서 소비자가 원하는 디자인, 깔창, 굽 모양 등의 옵션을 적용하여 다품종 소량생산 할 수 있는 스피드 팩토리를 선보였다. 그밖에도 제조업을 비롯해 다양한 산업에서 스마트 팩토리를 도입하면서 미래형 제조 시스템인 스마트 팩토리에 대한 관심이 커지고 있다. 과연 스마트 팩토리 무엇이며 어떤 기술로 구현되고 이점은 무엇일까?

스마트 팩토리란 ICT기술을 기반으로 제품의 기획, 설계, 생산, 유통, 판매의 전 과정을 자동화, 지능화하여 최소 비용과 최소 시간으로 다품종 대량생산이 가능한 미래형 공장을 의미한다. 스마트 팩토리가 구현되기 위해서는 다양한 기술이 적용되는데, 먼저 클라우드 기술은 인터넷에 연결되어 축적된 데이터를 저장하고 IoT 기술은 각종 사물에 컴퓨터 칩과 통신 기능을 내장해 인터넷에 연결한다. 또한 데이터를 분석하는 빅데이터 기술, AI를 기반으로 스스로 학습하고 의사결정을 할 수 있는 차세대 로봇기술과 기계가 자가 학습하는 인공지능 기술을 비롯해 수많은 첨단 기술을 필요로 한다.

스마트 팩토리의 핵심 구현 요소는 디지털화, 연결화, 스마트화이다. 디지털화는 공장 내 사물들 간에 소통이 가능하도록 물리적 아날로그 신호를 디지털 신호로 변환하는 것으로 디지털화를 하면 무한대로 데이터를 복사할 수 있어 데이터 편집이 쉬워지고 데이터 통신이 자유롭게 이루어진다. 연결화는 사람을 포함한 모든 사물, 즉 공장 안에 존재하는 부품, 완제품, 설비, 공장, 건물, 기기를 연결하는 것으로, 이더넷이나 유무선 통신으로 설비를 연결해 생산 현황과 이상 유무를 관리한다. 작업자가 제조 라인에 서면 공정은 작업자의 역량, 경험 같은 것을 참고하여 합당한 공정을 수행하도록 지도해 주는 것이 연결화의 예라고 할 수 있다. 스마트화는 사물이 사람과 같이 스스로 판단하고 행동하는 것을 말하는 것으로 지능화, 자율화와 같은 의미이다. 수집된 데이터를 분석하여 스스로 판단하는 스마트화는 스마트 팩토리의 필수 전제조건이다.

스마트 팩토리의 이점은 제조 단계별로 구분해 볼 수 있다. 먼저 기획·설계 단계에서는 제품 성능 시뮬레이션을 통해 제작기간을 단축시키고, 맞춤형 제품을 개발할 수 있다는 이점이 있다. 다음으로 생산 단계에서는 설비 – 자재 – 시스템 간 통신으로 다품종 대량생산, 에너지와 설비 효율 제고의 효과가 있다. 그리고 유통·판매 단계에서는 모기업과 협력사 간 실시간 연동을 통해 재고 비용을 감소시키고 품질, 물류 등 많은 분야를 협력할 수 있다.

① 스마트 팩토리는 최소 비용과 최소 시간으로 다품종 대량생산을 추구한다.

② 스마트 팩토리가 구현되기 위해서는 클라우드 기술, IoT기술, 인공지능 기술 등이 요구된다.

③ 디지털화는 공장 내 사물들 간에 소통이 가능하도록 디지털 신호를 물리적 아날로그 신호로 변환하는 것이다.

④ 스마트화는 사물이 사람과 같이 스스로 판단하고 행동하는 것으로 스마트 팩토리의 필수 전제조건이다.

4

다음은 N사의 단독주택용지 수의계약 공고문 중 일부이다. 공고문의 내용을 바르게 이해한 것은?

[○○ 블록형 단독주택용지(1필지) 수의계약 공고]

1. 공급대상토지

면적 (㎡)	세대수 (호)	평균규모 (㎡)	용적률 (%)	공급가격 (천원)	계약보증금 (원)	사용가능 시기
25,479	63	400	100% 이하	36,944,550	3,694,455,000	즉시

2. 공급일정 및 장소

일정	2026년 1월 11일 오전 10시부터 선착순 수의계약 (토·일요일 및 공휴일, 업무시간 외는 제외)
장소	N사 ○○지역본부 1층

3. 신청자격

아래 두 조건을 모두 충족한 자

- 실수요자 : 공고일 현재 주택법에 의한 주택건설사업자로 등록한 자
- 3년 분할납부(무이자) 조건의 토지매입 신청자

  ※ 납부 조건 : 계약체결 시 계약금 10%, 중도금 및 잔금 90%(6개월 단위 6회 납부)

4. 계약체결 시 구비서류

- 법인등기부등본 및 사업자등록증 사본 각 1부
- 법인인감증명서 1부 및 법인인감도장(사용인감계 및 사용인감)
- 대표자 신분증 사본 1부(위임 시 위임장 1부 및 대리인 신분증 제출)
- 주택건설사업자등록증 1부
- 계약금 납입영수증

---

① 계약이 체결되면 즉시 해당 토지에 단독주택을 건설할 수 있다.

② 계약체결 후 첫 번째 내야 할 중도금은 5,250,095,000원이다.

③ 규모 400㎡의 단독주택용지를 일반 수요자에게 분양하는 공고이다.

④ 계약에 대한 보증금이 공급가격보다 더 높아 실수요자에게 부담을 줄 우려가 있다.

5

다음 회의록의 내용을 보고 올바른 판단을 내리지 못한 것을 고르면?

인사팀 4월 회의록			
회의일시	2025년 4월 30일 14:00 ~ 15:30	회의장소	대회의실(예약)
참석자	팀장, 남 과장, 허 대리, 김 대리, 이 사원, 명 사원		
회의안건	• 직원 교육훈련 시스템 점검 및 성과 평가 • 차기 교육 프로그램 운영 방향 논의		
진행결과 및 협조 요청	〈총평〉 • 1사분기에는 지난해보다 학습목표시간을 상향조정(직급별 10 ~ 20시간)하였음에도 평균 학습시간을 초과하여 달성하는 등 상시학습문화가 정착됨 　※ 1인당 평균 학습시간 : 지난해 4사분기 22시간 → 올해 1사분기 35시간 • 다만, 고직급자와 계약직은 학습 실적이 목표에 미달하였는바, 앞으로 학습 진도에 대하여 사전 통보하는 등 학습목표 달성을 적극 지원할 필요가 있음 　※ 고직급자 : 목표 30시간, 실적 25시간, 계약직 : 목표 40시간, 실적 34시간 〈운영방향〉 • 전 직원 일체감 형성을 위한 비전공유와 '매출 증대, 비용 절감' 구현을 위한 핵심과제 등 주요사업 시책교육 추진 • 직원이 가치창출의 원천이라는 인식하에 생애주기에 맞는 직급별 직무역량교육 의무화를 통해 인적자본 육성 강화 • 자기주도적 상시학습문화 정착에 기여한 학습관리시스템을 현실에 맞게 개선하고, 조직 간 인사교류를 확대		

① 2025년 1사분기에는 지난해보다 1인당 평균 학습시간이 50% 이상 증가하였다.

② 전체적으로 1사분기의 교육시간 이수 등의 성과는 우수하였다.

③ 2사분기에는 일부 직원들에 대한 교육시간이 1사분기보다 더 증가할 전망이다.

④ 2사분기에는 각 직급에 보다 적합한 교육이 시행될 것이다.

수리능력 대표유형

수리능력은 직장생활에서 요구되는 기본적인 사칙연산과 기초적인 통계를 이해하고 도표의 의미를 파악하거나 도표를 이용해서 결과를 효과적으로 제시하는 능력을 말한다. 따라서 기본적은 계산능력을 파악하는 유형과 함께 자료해석, 도표분석 능력 등을 요구하는 유형의 문제가 주로 출제된다.

1

A와 B가 다음과 같은 규칙으로 게임을 하였다. 규칙을 참고할 때, 두 사람 중 점수가 낮은 사람은 몇 점인가?

- 이긴 사람은 4점, 진 사람은 2점의 점수를 얻는다.
- 두 사람의 게임은 모두 20회 진행되었다.
- 20회의 게임 후 두 사람의 점수 차이는 12점이었다.

① 50점　　　　　　　　　　　② 52점

③ 54점　　　　　　　　　　　④ 56점

2

다음은 국민연금 보험료를 산정하기 위한 소득월액 산정 방법에 대한 설명이다. 다음 설명을 참고할 때, 김갑동 씨의 신고 소득월액은 얼마인가?

소득월액은 입사(복직) 시점에 따른 근로자간 신고 소득월액 차등이 발생하지 않도록 입사(복직) 당시 약정되어 있는 급여 항목에 대한 1년치 소득총액에 대하여 30일로 환산하여 결정하며, 다음과 같은 계산 방식을 적용한다.

소득월액 = 입사(복직) 당시 지급이 약정된 각 급여 항목에 대한 1년간 소득총액 ÷ 365 × 30

〈김갑동 씨의 급여 내역〉

- 기본급 : 1,000,000원
- 교통비 : 월 100,000원
- 고정 시간외 수당 : 월 200,000원
- 분기별 상여금(1, 4, 7, 10월 지급) : 기본급의 100%
- 하계휴가비(매년 7월 지급) : 500,000원

① 1,645,660원
② 1,652,055원
③ 1,668,900원
④ 1,727,050원

3

다음은 2024년 한국인 사망 원인 '5대 암'과 관련된 자료이다. 2024년 총 인구를 5,100만 명이라고 할 때, 치명률을 구하는 공식으로 옳은 것을 고르면?

종류	환자수	완치자수	후유장애자수	사망자수	치명률
폐암	101,600명	3,270명	4,408명	2,190명	2.16%
간암	120,860명	1,196명	3,802명	1,845명	1.53%
대장암	157,200명	3,180명	2,417명	1,624명	1.03%
위암	184,520명	2,492명	3,557명	1,950명	1.06%
췌장암	162,050명	3,178명	2,549명	2,765명	1.71%

※ 환자수란 현재 해당 암을 앓고 있는 사람 수를 말한다.
※ 완치자수란 과거에 해당 암을 앓았던 사람으로 일상생활에 문제가 되는 장애가 남지 않고 5년 이내 재발이 없는 경우를 말한다.
※ 후유장애자수란 과거에 해당 암을 앓았던 사람으로 암으로 인하여 일상생활에 문제가 되는 영구적인 장애가 남은 경우를 말한다.
※ 사망자수란 해당 암으로 사망한 사람 수를 말한다.

① 치명률 $= \dfrac{완치자수}{환자수} \times 100$

② 치명률 $= \dfrac{후유장애자수}{환자수} \times 100$

③ 치명률 $= \dfrac{사망자수}{환자수} \times 100$

④ 치명률 $= \dfrac{사망자수 + 후유장애자수}{인구수} \times 100$

4

다음은 '갑' 지역의 연도별 65세 기준 인구의 분포를 나타낸 자료이다. 이에 대한 올바른 해석은 어느 것인가?

구분	인구 수(명)		
	계	65세 미만	65세 이상
2017년	66,557	51,919	14,638
2018년	68,270	53,281	14,989
2019년	150,437	135,130	15,307
2020년	243,023	227,639	15,384
2021년	325,244	310,175	15,069
2022년	465,354	450,293	15,061
2023년	573,176	557,906	15,270
2024년	659,619	644,247	15,372

① 65세 미만 인구수는 조금씩 감소하였다.

② 전체 인구수는 매년 지속적으로 증가하였다.

③ 65세 이상 인구수는 매년 지속적으로 증가하였다.

④ 전년 대비 65세 이상 인구수가 가장 많이 변화한 3개 연도는 2018년, 2019년, 2023년이다.

5

다음은 건설업과 관련된 주요 지표이다. 이에 대한 설명으로 옳은 것은?

〈건설업 주요 지표〉

(단위 : 개, 천 명, 조 원, %)

구분	2023년	2024년	전년대비	
			증감	증감률
기업체수	69,508	72,376	2,868	4.1
종사자수	1,573	1,670	97	6.1
건설공사 매출액	356.6	392.0	35.4	9.9
국내 매출액	313.1	354.0	40.9	13.1
해외 매출액	43.5	38.0	−5.5	−12.6
건설비용	343.2	374.3	31.1	9.1
건설 부가가치	13.4	17.7	4.3	32.1

〈연도별 건설업체수 및 매출 증감률〉

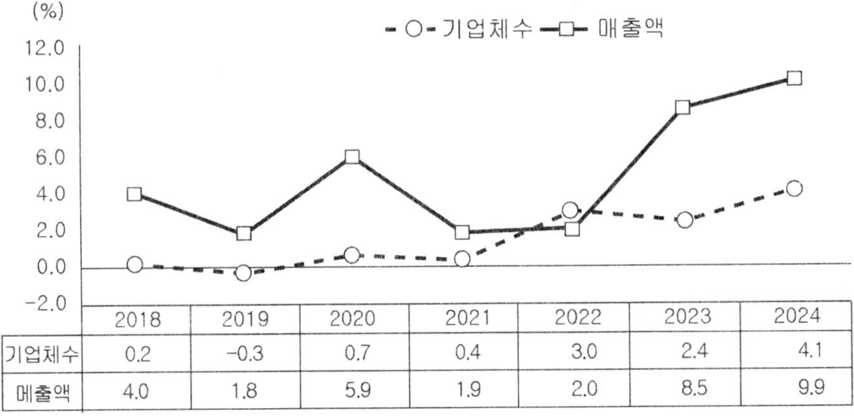

	2018	2019	2020	2021	2022	2023	2024
기업체수	0.2	−0.3	0.7	0.4	3.0	2.4	4.1
매출액	4.0	1.8	5.9	1.9	2.0	8.5	9.9

① 2019년의 기업체 수는 65,000개 이하이다.

② 건설공사 매출액 중 국내 매출액의 비중은 2024년보다 2023년이 더 크다.

③ 해외 매출액의 증감은 건설 부가가치의 증감에 영향을 미친다.

④ 건설업 주요 지표별 증감 추이는 모든 항목이 동일하다.

자원관리능력 대표 유형

자원에는 시간, 돈, 물적자원, 인적자원 등이 포함된다. 자원관리란 이러한 자원을 적재적소에 활용하는 것으로 필요한 자원의 종류와 양을 확인하고 이용 가능한 자원을 수집하며, 수집한 자원을 계획적으로 활용하는 전 과정을 말한다. 따라서 자원관리능력에서는 업무 수행을 위한 시간 및 예산관리, 물적·인적자원의 배분 및 활용에 관한 상황을 전제로 한 문제가 주로 출제된다.

1

제시된 자료는 ○○기관 직원의 교육비 지원에 대한 내용이다. 다음 중 A ~ D 직원 4명의 총 교육비 지원 금액은 얼마인가?

교육비 지원 기준
• 임직원 본인의 대학 및 대학원 학비 : 100% 지원
• 임직원 가족의 대학 및 대학원 학비
– 임직원의 직계 존·비속 : 90% 지원
– 임직원의 형제 및 자매 : 80% 지원(단, 직계 존·비속 지원이 우선되며, 해당 신청이 없을 경우에 한하여 지급함)
– 교육비 지원 신청은 본인을 포함 최대 3인에 한한다.

교육비 신청 내역	
A 직원	본인 대학원 학비 3백만 원, 동생 대학 학비 2백만 원
B 직원	딸 대학 학비 2백만 원
C 직원	본인 대학 학비 3백만 원, 아들 대학 학비 4백만 원
D 직원	본인 대학 학비 2백만 원, 딸 대학 학비 2백만 원, 아들 대학원 학비 2백만 원

① 15,200,000원

② 17,000,000원

③ 18,600,000원

④ 26,200,000원

2

다음은 K공사의 신입사원 채용에 관한 안내문의 일부 내용이다. 다음 내용을 근거로 할 때, K공사가 안내문의 내용에 부합되게 취할 수 있는 행동이라고 볼 수 없는 것은?

> □ 기타 유의사항
> - 모든 응시자는 1인 1개 분야만 지원할 수 있습니다.
> - 응시 희망자는 지역제한 등 응시자격을 미리 확인하고 응시원서를 접수하여야 하며, 응시원서의 기재사항 누락, 공인어학능력시험 점수 및 자격증·장애인·취업지원대상자 가산점수·가산비율 기재 착오, 연락불능 등으로 발생되는 불이익은 일체 응시자의 책임으로 합니다.
> - 입사지원서 작성내용은 추후 증빙서류 제출 및 관계기관에 조회할 예정이며 내용을 허위로 입력한 경우에는 합격이 취소됩니다.
> - 응시자는 시험장소 공고문, 답안지 등에서 안내하는 응시자 주의사항에 유의하여야 하며, 이를 준수하지 않을 경우에 본인에게 불이익이 될 수 있습니다.
> - 원서접수결과 지원자가 채용예정인원 수와 같거나 미달하더라도 적격자가 없는 경우 선발하지 않을 수 있습니다.
> - 시험일정은 사정에 의하여 변경될 수 있으며 변경내용은 7일 전까지 공사 채용홈페이지를 통해 공고할 계획입니다.
> - 제출된 서류는 본 채용목적 이외에는 사용하지 않으며, 채용절차의 공정화에 관한 법령에 따라 최종합격자 발표일 이후 180일 이내에 반환청구를 할 수 있습니다.
> - 최종합격자 중에서 신규임용후보자 등록을 하지 않거나 관계법령에 의한 신체검사에 불합격한 자 또는 공사 인사규정 제21조에 의한 응시자격 미달자는 신규임용후보자 자격을 상실하고 차순위자를 추가합격자로 선발할 수 있습니다.
> - 임용은 교육성적을 포함한 채용시험 성적순으로 순차적으로 임용하되, 장애인 또는 경력자의 경우 성적순위에도 불구하고 우선 임용될 수 있습니다.
> ※ 공사 인사규정 제22조 제2항에 의거 신규임용후보자의 자격은 임용후보자 등록일로부터 1년으로 하며, 필요에 따라 1년의 범위 안에서 연장될 수 있습니다.

① 동일한 응시자가 사무직과 운영직에 중복 응시한 사실이 발견되어 임의로 운영직 응시 관련 사항 일체를 무효처리하였다.

② 대학 졸업예정자로 채용된 甲 씨는 마지막 학기 학점이 부족하여 졸업이 미뤄지는 바람에 채용이 취소되었다.

③ 50명 선발이 계획되어 있었고, 45명이 지원을 하였으나 42명만 선발하였다.

④ 최종합격자 중 신규임용후보자 자격을 상실한 자가 있어 불합격자 중 임의의 인원을 추가 선발하였다.

3

다음은 차량 A, B, C의 연료 및 경제속도 연비, 연료별 리터당 가격에 대한 자료이다. 제시된 〈조건〉을 적용하였을 때, 두 번째로 높은 연료비가 소요되는 차량과 해당 차량의 연료비를 바르게 나열한 것은?〈A, B, C 차량의 연료 및 경제속도 연비〉

차량 \ 구분	연료	경제속도 연비(km/L)
A	LPG	10
B	휘발유	16
C	경유	20

※ 차량 경제속도는 60km/h 이상 90km/h 미만임

〈연료별 리터당 가격〉

연료	LPG	휘발유	경유
리터당 가격(원/L)	1,000	2,000	1,600

〈조건〉

1. A, B, C 차량은 모두 아래와 같이 각 구간을 한 번씩 주행하고, 각 구간별 주행속도 범위 내에서만 주행한다.

구간	1구간	2구간	3구간
주행거리(km)	100	40	60
주행속도(km/h)	30 이상 60 미만	60 이상 90 미만	90 이상 120 미만

2. A, B, C 차량의 주행속도별 연비적용률은 다음과 같다.

차량	주행속도(km/h)	연비적용률(%)
A	30 이상 60 미만	50.0
	60 이상 90 미만	100.0
	90 이상 120 미만	80.0
B	30 이상 60 미만	62.5
	60 이상 90 미만	100.0
	90 이상 120 미만	75.0
C	30 이상 60 미만	50.0
	60 이상 90 미만	100.0
	90 이상 120 미만	75.0

※ 연비적용률이란 경제속도 연비 대비 주행속도 연비를 백분율로 나타낸 것임

① A, 31,500원

② B, 24,500원

③ B, 35,000원

④ C, 25,600원

4

전기안전관리 대행업체의 인사팀 직원 K는 다음의 기준에 의거하여 직원들의 자격증 취득 전후 경력을 산정하려고 한다. 다음 중 K가 산정한 경력 중 옳은 것을 모두 고르면?

<전기안전관리자 경력 조건 인정 범위>

조건	인정 범위
1. 자격 취득 후 경력 기간 100% 인정	• 전력시설물의 설계 · 공사 · 감리 · 유지보수 · 관리 · 진단 · 점검 · 검사에 관한 기술업무 • 전력기술 관련 단체 · 업체 등에서 근무한 자의 전력기술에 관한 업무
2. 자격 취득 후 경력 기간 80% 인정	• 「전기용품안전관리법」에 따른 전기용품의 설계 · 제조 · 검사 등의 기술업무 • 「산업안전보건법」에 따른 전기분야 산업안전 기술업무 • 건설관련법에 의한 전기 관련 기술업무 • 전자 · 통신관계법에 의한 전기 · 전자통신기술에 관한 업무
3. 자격 취득 전 경력 기간 50% 인정	1.의 각목 규정에 의한 경력
사원 甲	• 2021.1.1~2025.12.31 전기 안전기술 업무 • 2025.10.31 전기산업기사 자격 취득
사원 乙	• 2020.1.1~2022.6.30 전기부품제조 업무 • 2019.10.31 전기기사 자격 취득
사원 丙	• 2021.5.1~2022.7.31 전자통신기술 업무 • 2021.3.31 전기기능장 자격 취득
사원 丁	• 2023.1.1~2024.12.31 전기검사 업무 • 2025.7.31 전기기사 자격 취득

㉠ 甲 : 전기산업기사로서 경력 5년	㉡ 乙 : 전기기사로서 경력 1년
㉢ 丙 : 전기기능장으로서 경력 1년	㉣ 丁 : 전기기사로서 경력 1년

① ㉠, ㉡

② ㉠, ㉢

③ ㉡, ㉣

④ ㉢, ㉣

5

K공사는 사내 냉방 효율을 위하여 층별 에어컨 수와 종류를 조정하려고 한다. 사내 냉방 효율 조정 방안을 충족하되 버리는 구형 에어컨과 구입하는 신형 에어컨을 최소화하고자 할 때, K공사는 신형 에어컨을 몇 대 구입해야 하는가?

사내 냉방 효율 조정 방안		
적용순서	조건	미충족 시 조정 방안
1	층별 월 전기료 60만 원 이하	구형 에어컨을 버려 조건 충족
2	구형 에어컨 대비 신형 에어컨 비율 1/2 이상 유지	신형 에어컨을 구입해 조건 충족

※ 구형 에어컨 1대의 월 전기료는 4만 원이고, 신형 에어컨 1대의 월 전기료는 3만 원이다.

사내 냉방시설 현황						
	1층	2층	3층	4층	5층	6층
구형	9	15	12	8	13	10
신형	5	7	6	3	4	5

① 1대

② 2대

③ 3대

④ 4대

정보능력 대표유형

정보(Information)란 자료를 특정한 목적과 문제해결에 도움이 되도록 가공한 것으로, 지식정보사회에서 정보는 기업 생존에 중요한 요소로 자리하고 있다. 정보능력에서 빈출되는 대표유형으로는 컴퓨터활용능력 측정을 위한 소프트웨어 활용, 자료(Data)의 규칙을 찾아 정보 파악하기, 간단한 코딩 시스템의 이해 등이 있다.

1

S정보통신에 입사한 당신은 시스템 모니터링 업무를 담당하게 되었다. 다음의 시스템 매뉴얼을 확인한 후 제시된 상황에서 적절한 입력코드를 고르면?

〈S정보통신 시스템 매뉴얼〉

❏ 항목 및 세부사항

항목	세부사항
Index@@ of Folder@@	• 오류 문자 : Index 뒤에 나타나는 문자 • 오류 발생 위치 : Folder 뒤에 나타나는 문자
Error Value	• 오류 문자와 오류 발생 위치를 의미하는 문자에 사용된 알파벳을 비교하여 오류 문자 중 오류 발생 위치의 문자와 일치하지 않는 알파벳의 개수 확인
Final Code	• Error Value를 통하여 시스템 상태 판단

❏ 판단 기준 및 처리코드(Final Code)

판단 기준	처리코드
일치하지 않는 알파벳의 개수 = 0	Qfgkdn
0 < 일치하지 않는 알파벳의 개수 ≤ 3	Wxmt
3 < 일치하지 않는 알파벳의 개수 ≤ 5	Atnih
5 < 일치하지 않는 알파벳의 개수 ≤ 7	Olyuz
7 < 일치하지 않는 알파벳의 개수 ≤ 10	Cenghk

〈상황〉

System is processing requests...
System Code is X.
Run...

Error Found!
Index GHWDYC of Folder APPCOMPAT

Final Code? ___________

① Qfgkdn   ② Wxmt

③ Atnih   ④ Olyuz

2

소단이는 이번 달 사용한 카드 사용금액을 시기별, 항목별로 다음과 같이 정리하였다. 항목별 단가를 확인한 후 D2 셀에 함수식을 넣어 D5까지 드래그를 하여 결과값을 알아보고자 한다. 소단이가 D2 셀에 입력해야 할 함수식으로 적절한 것은 어느 것인가?

	A	B	C	D
1	시기	항목	횟수	사용금액(원)
2	1주	식비	10	
3	2주	의류구입	3	
4	3주	교통비	12	
5	4주	식비	8	
6				
7	항목	단가		
8	식비	6500		
9	의류구입	43000		
10	교통비	3500		

① =C2*HLOOKUP(B2,$A$8:$B$10,2,0)

② =B2*HLOOKUP(C2,$A$8:$B$10,2,0)

③ =B2*VLOOKUP(B2,$A$8:$B$10,2,0)

④ =C2*VLOOKUP(B2,$A$8:$B$10,2,0)

책임자	재고상품 코드번호	책임자	재고상품 코드번호
정○○	2008011F033321754	심○○	2001052G099918513
강○○	2011054L066610351	전○○	2002121D011120789
김○○	2006128T055511682	함○○	2013016Q044412578
이○○	2009060B022220123	윤○○	2012064L100010351
신○○	2015039V100029785	금○○	2016087S088824567

[재고상품 코드번호 예시]

2025년 11월에 4,586번째로 입고된 경기도 戊출판사에서 발행한 「소형선박조종사 자격증 한 번에 따기」 도서 코드
2025111E055524586

<u>202511</u>	<u>1E</u>	<u>05552</u>	<u>4586</u>
입고연월	지역코드 + 고유번호	분류코드 + 고유번호	입고순서

입고연월	발행 출판사		도서 종류	
	지역코드	고유번호	분류코드	고유번호
• 200611 －2006년 11월 • 201007 －2010년 7월 • 201403 －2014년 3월	0 서울	A 甲출판사	01 가정 · 살림	111 임신/출산
		B 乙출판사		112 육아
	1 경기도	C 丙출판사	02 건강 · 취미	221 다이어트
		D 丁출판사		222 스포츠
		E 戊출판사	03 경제 · 경영	331 마케팅
		F 己출판사		332 재테크
	2 강원도	G 庚출판사		333 CEO
		H 辛출판사	04 대학 교재	441 경상계열
	3 충청 남도	I 壬출판사		442 공학계열
		J 癸출판사	05 수험 · 자격	551 공무원
	4 충청 북도	K 子출판사		552 자격증
		L 丑출판사	06 어린이	661 예비 초등
	5 경상 남도	M 寅출판사		662 초등
		N 卯출판사	07 자연 과학	771 나노과학
		O 辰출판사		772 생명과학
	6 경상 북도	P 巳출판사		773 뇌과학
		Q 午출판사	08 예술	881 미술
	7 전라 남도	R 未출판사		882 음악
		S 申출판사	09 여행	991 국내여행
	8 전라 북도	T 酉출판사		991 해외여행
		U 戌출판사	10 IT · 모바일	001 게임
	9 제주도	V 亥출판사		002 웹사이트

3

재고상품 중 2025년도에 8,491번째로 입고된 충청남도 ❀출판사에서 발행한 「뇌과학 첫걸음」 도서의 코드로 알맞은 것은 무엇인가?

① 2025113J077718491

② 2025093J077738491

③ 2025083I077738491

④ 2025123J077738491

4

다음 중 발행 출판사와 입고순서가 동일한 도서를 담당하는 책임자들로 짝지어진 것은?

① 정○○ – 전○○

② 강○○ – 윤○○

③ 이○○ – 금○○

④ 심○○ – 함○○

5

다음의 알고리즘에서 인쇄되는 S는?

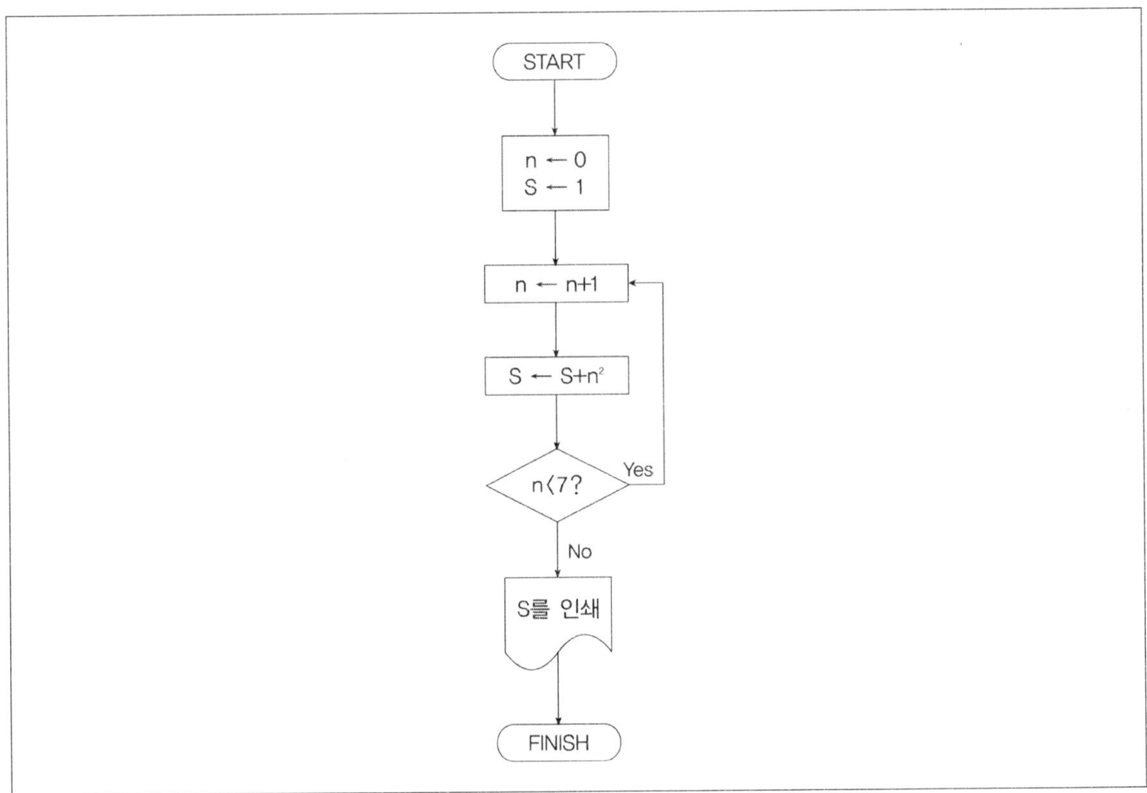

① 137

② 139

③ 141

④ 143

직업윤리 대표유형

직업윤리란 직업인이라면 반드시 지켜야 할 공통적인 윤리규범이다. 업무상 행해지는 개인의 판단과 행동은 사회적 파급력이 큰 기업시스템을 통하여 다수의 이해관계자와 관련된다. 따라서 기업에서는 직업윤리 의식이 투철한 지원자를 뽑고자 한다. 직업윤리는 모듈형 문제 외에 인성검사와 유사한 유형의 문제들이 출제되고 있다.

1

윤리의 실천사항으로 성격이 다른 하나는?

① 실수한 것을 깨달으면 먼저 말하고 사과하는 강 사원

② 부재중 전화가 왔다면 항상 1시간 이내에 전화하는 진 주임

③ 항상 게으름 부리지 않고 사무실에 제일 먼저 출근하는 노 사원

④ 사내 봉사활동 동아리를 운영하며 매달 기부도 잊지 않는 임 과장

2

정직과 신용을 구축하기 위한 지침으로 옳지 않은 것은?

① 정직과 신뢰는 한 번에 높게 쌓아야 한다.

② 잘못된 것도 정직하게 밝혀야 한다.

③ 정직하지 못한 것을 눈감아 주지 않아야 한다.

④ 자신의 일에 최선을 다한다.

3

다음 제시된 직장 내 예절교육의 항목 중 적절한 내용으로 보기 어려운 설명을 모두 고른 것은?

가. 악수를 하는 동안에는 상대의 눈을 맞추기보다는 맞잡은 손에 집중한다.

나. 내가 속해 있는 회사의 관계자를 타 회사의 관계자에게 소개한다.

다. 처음 만나는 사람과 악수할 경우에는 가볍게 손끝만 잡는다.

라. 상대방에게서 명함을 받으면 받은 즉시 명함지갑에 넣지 않는다.

마. e-mail 메시지는 길고 자세한 것보다 명료하고 간략하게 만든다.

바. 정부 고관의 직급명은 퇴직한 사람을 소개할 경우엔 사용을 금지한다.

사. 명함에 부가 정보는 상대방과의 만남이 끝난 후에 적는다.

① 나, 라, 마, 사

② 가, 다, 라

③ 나, 마, 바, 사

④ 가, 다, 바

4

최근 기업들은 단순한 이윤을 추구하는 집단의 형태를 벗어나 자신들의 이익의 일부분을 사회로 환원하는 사회적 책임(CSR)을 강조하는 형태로 변화하고 있다. 다음 중 사회적 책임을 실천하는 기업의 사례로 옳지 않은 것은?

① A 식품회사는 결식아동을 위해 지역 아동센터에 무료 급식을 지원하고 있다.

② B 은행은 다양한 계층의 금융 이해력을 높이기 위해 온라인 무료 강의를 제공하고 있다.

③ C 전자는 임직원의 사기 진작을 위해 사내 동호회 활동비를 지원하고 있다.

④ D 항공사는 탄소 배출을 줄이기 위해 분기마다 나무 심기 캠페인을 진행하고 있다.

5

다음에서 설명하는 내부고발자의 행동을 직업윤리적 관점에서 가장 적절하게 해석한 것은?

> 기업이나 공공기관에서 발생하는 불법 행위나 부당한 관행을 외부에 알리는 사람을 흔히 내부고발자(whistleblower)라고 한다. 내부고발은 조직의 이익을 해칠 수 있지만, 동시에 사회 전체의 안전과 정의를 지키는 중요한 수단이 된다. 직업윤리의 관점에서 내부고발은 조직에 대한 충성심과 사회적 책임 사이의 딜레마를 보여주며, 궁극적으로는 공익을 보호하기 위한 윤리적 결단으로 이해할 수 있다.

① 조직의 비밀을 노출시켜 단기적으로는 갈등과 손실을 초래할 수 있다.

② 조직 구성원이 개인의 불만을 해소하기 위한 행위로 해석된다.

③ 사회적 책임을 등한시하고 조직 충성심만을 강조하는 태도로 볼 수 있다

④ 사회적 정의와 공익을 지키기 위한 윤리적 선택이다.

PART III

NCS 예상문제

01 의사소통능력
02 수리능력
03 자원관리능력
04 정보능력
05 직업윤리

1 다음 글의 제목으로 가장 적절한 것은?

> 甲사는 최근 전자결재 시스템을 새롭게 도입하였다. 그동안 종이 문서를 통한 결재는 시간이 오래 걸리고, 결재 과정에서 문서 분실이나 중복 결재가 발생하는 문제가 있었다. 새로운 시스템은 이러한 비효율을 줄이고, 결재 과정을 전산화하여 기록을 자동으로 보관한다.
>
> 또한 전자결재 시스템은 결재 진행 상황을 실시간으로 확인할 수 있어, 업무 담당자는 어느 단계에서 결재가 지연되고 있는지 즉시 파악할 수 있다. 이를 통해 불필요한 대기 시간을 줄이고, 전체 업무 처리 속도를 높일 수 있다. 나아가 결재 과정에서의 투명성을 확보하여 책임 소재를 명확히 하는 효과도 있다.
>
> 결국 전자결재 시스템의 도입은 단순한 업무 편의성 향상을 넘어, 조직 전체의 효율성과 신뢰성을 높이는 중요한 변화라 할 수 있다.

① 전자결재 시스템 도입을 하지 않았던 이유
② 전자결재 시스템 도입이 조직 효율성을 높이는 효과
③ 전자결재 과정에서 발생하는 문서 분실과 중복 결재의 문제
④ 전자결재 시스템의 한계와 향후 과제
⑤ 종이 문서 결재의 장점과 필요성

2 중의적 표현에 대한 다음 설명을 참고할 때, 구조적 중의성의 사례가 아닌 것은?

> 중의적 표현(중의성)이란 하나의 표현이 두 가지 이상의 의미로 해석되는 표현을 일컫는다. 그 특징은 해학이나 풍자 등에 활용되며, 의미의 다양성으로 문학 작품의 예술성을 높이는 데 기여한다. 하지만 의미 해석의 혼동으로 인해 원활한 의사소통에 방해를 줄 수도 있다.
>
> 이러한 중의성은 어휘적 중의성과 구조적 중의성으로 크게 구분할 수 있다. 어휘적 중의성은 다시 세 가지 부류로 나누는데 첫째, 다의어에 의한 중의성이다. 다의어는 의미를 복합적으로 가지고 있는데, 기본 의미를 가지고 있는 동시에 파생적 의미도 가지고 있어서 그 어휘의 기본적 의미가 내포되어 있는 상태에서 다른 의미로도 쓸 수 있다. 둘째, 어휘적 중의성으로 동음어에 의한 중의적 표현이 있다. 동음어에 의한 중의적 표현은 순수한 동음어에 의한 중의적 표현과 연음으로 인한 동음이의어 현상이 있다. 셋째, 동사의 상적 속성에 의한 중의성이 있다.
>
> 구조적 중의성은 문장의 구조 특성으로 인해 중의성이 일어나는 것을 말하는데, 이러한 중의성은 수식 관계, 주어의 범위, 서술어와 호응하는 논항의 범위, 수량사의 지배범위, 부정문의 지배 범주 등에 의해 일어난다.

① 나이 많은 길동이와 을순이가 결혼을 한다.

② 그 녀석은 나와 아버지를 만났다.

③ 영희는 친구들을 기다리며 장갑을 끼고 있었다.

④ 그녀가 보고 싶은 친구들이 참 많다.

⑤ 그건 오래 전부터 아끼던 그녀의 선물이다.

3 다음 상황에서 ㉠에 적절한 영어 속담을 고르면?

① No news is good news.　　② Blood is thicker than water.

③ No smoke without fire.　　④ The foot of the candle is dark.

⑤ A sound mind in a sound body.

4 다음은 영문 이력서 양식이다. 이에 대한 설명으로 옳은 것은?

APPLICATION FORM

1. Personal Information

First Name		Last Name		
Date of Birth		Sex	male ( ) female ( )	Photo
Tel.	residence :	business :		
Fax		E-mail		

2. Application Field (list area you apply to)

3. Education (list education and training details in)

Year (from–to)	Major	Degree	Name of Institution	Place (city, country)

4. English Proficiency (Poor/a Little/Moderate/Well/Very well)

Language	Reading	Writing	Speaking

5. Certificate/License (list certificate or license received related to applying job)

Date of Issue	Name	No. of Certificate/License	Issuing Institution

6. Work Experience (list work experience details in reverse–chronological order)

Period		Position	
Department		Location	
Name of Company			
Responsibility			

① 지원자의 주소와 전화번호를 기입하도록 요구하고 있다.

② 지원 분야를 객관식으로 선택할 수 있다.

③ 영어 능숙도를 4단계로 구분하고 있다.

④ 지원 직무와 관련 없는 자격까지 모두 요구한다.

⑤ 직무 경험에 대해서 최신순으로 기록하도록 하고 있다.

5 〈보기〉의 문장이 들어갈 적절한 곳은?

〈보기〉

예를 들어, 면접 상황에서 지원자가 단정한 복장과 자신감 있는 목소리로 인사한다면, 면접관은 그 지원자를 성실하고 준비된 사람으로 인식할 가능성이 크다. 반대로, 긴장된 태도로 말을 더듬거나 시선을 피한다면 실제 역량과 무관하게 부정적인 평가를 받을 수도 있다.

㉠ 우리는 누군가를 처음 만났을 때 상대방에 대한 인상을 빠르게 형성한다. 심리학 연구에 따르면, 낯선 사람을 만났을 때 상대방의 태도, 표정, 복장, 말투 등을 근거로 단 몇 초 안에 호감이나 신뢰감을 판단한다고 한다. 이처럼 짧은 순간에 형성된 첫인상은 이후 관계에도 큰 영향을 미친다. ㉡ 이처럼 첫인상이 중요한 이유는 사람의 인지가 '초두 효과'에 크게 영향을 받기 때문이다. 처음에 형성된 이미지는 이후 새로운 정보가 들어와도 쉽게 수정되지 않고, 기존의 판단을 강화하는 경향이 있다. 따라서 긍정적인 첫인상을 주는 것은 사회적 관계를 원활히 하고, 나아가 직업적 성취에도 도움이 될 수 있다. ㉢ 그러나 첫인상이 항상 상대방의 진정한 모습을 반영하는 것은 아니다. 순간적인 상황이나 외적 요인에 의해 왜곡되기도 하고, 시간이 지나며 상호작용이 깊어질수록 초반의 인상이 바뀌기도 한다. ㉣ 결국 중요한 것은 첫인상에만 의존하지 않고, 지속적인 관찰과 소통을 통해 상대방을 이해하려는 자세라 할 수 있다. ㉤

① ㉠

② ㉡

③ ㉢

④ ㉣

⑤ ㉤

6 다음 글의 밑줄 친 부분을 고쳐 쓰기 위한 방안으로 적절하지 않은 것은?

> 봉사는 자발적으로 이루어지는 것이므로 원칙적으로 아무런 보상이 주어지지 않는다. ㉠ 그리고 적절한 칭찬이 주어지면 자발적 봉사자들의 경우에도 더욱 적극적으로 활동하게 된다고 한다. ㉡그러나 이러한 칭찬 대신 일정액의 보상을 제공하면 어떻게 될까? ㉢오히려 봉사자들의 동기는 약화된다고 한다. ㉣나는 여름방학 동안에 봉사활동을 많이 해 왔다. 왜냐하면 봉사에 대해 주어지는 금전적 보상은 봉사자들에게 그릇된 메시지를 전달하기 때문이다. 봉사에 보수가 주어지면 봉사자들은 다른 봉사자들도 무보수로는 일하지 않는다고 생각할 것이고 언제나 보수를 기대하게 된다. 보수를 기대하게 되면 그것은 봉사라고 하기 어렵다. ㉤즉, 자발적 봉사가 사라진 자리를 이익이 남는 거래가 차지하고 만다.

① ㉠은 앞의 문장과는 상반된 내용이므로 '하지만'으로 고쳐 쓴다.
② ㉡에서 만일의 상황을 가정하므로 '그러나'는 '만일'로 고쳐 쓴다.
③ ㉢'오히려'는 뒤 내용이 일반적 예상과는 다른 결과가 될 것임을 암시하는데, 이는 적절하므로 그대로 둔다.
④ ㉣은 글의 내용과는 관련 없는 부분이므로 삭제한다.
⑤ ㉤의 '즉'은 '예를 들면'으로 고쳐 쓴다.

7 다음은 항공보안 자율신고제도의 FAQ이다. 잘못 이해한 사람은?

Ⓠ 누가 신고하나요?

Ⓐ 누구든지 신고할 수 있습니다.
- 승객(공항이용자) : 여행 중에 항공보안에 관한 불편사항 및 제도개선에 필요한 내용 등을 신고해 주세요.
- 보안업무 종사자 : 업무 수행 중에 항공보안 위해요인 및 항공보안을 해칠 우려가 있는 사항 등을 신고해 주세요.
- 일반업무 종사자 : 공항 및 항공기 안팎에서 업무 수행 중에 항공보안 분야에 도움이 될 사항 등을 신고해 주세요.

Q 무엇을 신고하나요?

A 항공보안 관련 내용은 무엇이든지 가능합니다.
- 항공기내 반입금지 물품이 보호구역(보안검색대 통과 이후 구역) 또는 항공기 안으로 반입된 경우
- 승객과 승객이 소지한 휴대물품 등에 대해 보안검색이 미흡하게 실시된 경우
- 상주직원과 그 직원이 소지한 휴대물품 등에 대해 보안검색이 미흡하게 실시된 경우
- 검색 받은 승객과 받지 않은 승객이 섞이는 경우
- X-ray 및 폭발물흔적탐지장비 등 보안장비가 정상적으로 작동이 되지 않은 상태로 검색이 된 경우
- 공항운영자의 허가를 받지 아니하고 보호구역에 진입한 경우
- 항공기 안에서의 소란·흡연·폭언·폭행·성희롱 등 불법행위가 발생된 경우
- 항공보안 기준 위반사항을 인지하거나 국민불편 해소 및 제도개선이 필요한 경우

Q 신고자의 비밀은 보장되나요?

A 「항공보안법」 제33의2에 따라 다음과 같이 신고자와 신고내용이 철저히 보호됩니다.
- 누구든지 자율신고 내용 등을 이유로 신고자에게 불이익한 조치를 하는 경우 1천만 원 이하 과태료 부과
- 신고자의 의사에 반하여 개인정보를 공개할 수 없으며, 신고내용은 보안사고 예방 및 항공보안 확보 목적 이외의 용도로 사용금지

Q 신고한 내용은 어디에 활용되나요?

A 신고내용은 위험분석 및 평가와 개선대책 마련을 통해 국가항공보안 수준을 향상시키는데 활용됩니다.

Q 마시던 음료수는 보안검색대를 통과할 수 있나요?

A 국제선을 이용하실 때에는 100ml 이하 용기에 한해 투명지퍼백(1L)에 담아야 반입이 가능합니다.

① 甲 : 공항직원이 아니라도 공항이용자라면 누구든지 신고가 가능하군.
② 乙 : 기내에서 담배를 피우는 사람을 발견하면 신고해야겠네.
③ 丙 : 자율신고자에게 불이익한 조치를 하면 1천만 원 이하의 과태료에 처해질 수 있군.
④ 丁 : 500ml 물병에 물이 100ml 이하로 남았을 경우 1L 투명지퍼백에 담으면 국제선에 반입이 가능하네.
⑤ 戊 : 자율신고를 통해 국가항공보안 수준을 향상시키려는 좋은 제도구나.

8 다음은 겨울철 개인용 난방기기 사용 시 유의사항에 대한 사내 자료이다. 이에 대한 이해로 옳지 않은 것은?

겨울철은 낮은 기온으로 인해 난방기기의 사용이 급증하는 시기입니다. 특히 사무실 내에서는 전기히터, 전기방석 등 개인용 난방기기를 사용이 증가하는데, 이러한 기기들은 사용이 간편하고 즉각적인 온기를 제공하는 장점이 있으나, 잘못 사용할 경우 화재, 감전, 전력 과부하, 건강 피해 등 다양한 사고로 이어질 수 있으므로 각별한 주의가 필요합니다. 사무환경에서 개인 난방기기를 사용하는 것은 기본적으로 허용되지만, 회사의 전력 인프라는 사무용 장비 사용을 기준으로 설계되어 있어, 지속적인 고출력 난방기기 사용은 전력 과부하로 인한 정전이나 기기 손상의 원인이 될 수 있습니다. 이에 따라 사용 전 다음의 사항을 반드시 숙지해 주시기 바랍니다.

1. 기기 사용 전 안전 점검 필수

모든 난방기기는 사용 전 전선 피복 손상 여부, 플러그 접촉 상태, 기기 표면의 이상 유무를 반드시 점검해야 합니다. 전선이 낡았거나 피복이 벗겨진 경우 즉시 사용을 중단하고 교체해야 합니다. 다수의 기기를 하나의 멀티탭에 연결하는 것은 화재의 주요 원인이 되므로 지양해 주십시오. 난방기기는 반드시 개별 콘센트를 통해 사용하는 것이 가장 안전합니다.

2. 사용 시 주변 환경 정리

난방기기 주변에는 가연성 물질(서류, 종이박스, 의류 등)을 두지 않아야 하며, 기기 위에 물건을 올려두는 행위는 절대 금지입니다. 특히 전기방석 등은 겉면에 열이 축적되기 쉬우므로, 기기 위에 무언가를 덮는 것은 화재 발생 위험을 높입니다.

3. 건강 및 에너지 관리 측면의 주의사항

밀폐된 공간에서 히터를 장시간 사용하는 경우 실내 산소 농도가 낮아지고, 건조증이나 호흡기 질환이 유발될 수 있습니다. 최소 2시간 간격으로 창문을 5분 이상 열어 환기해 주시고, 개인 가습기 등을 함께 사용하는 것도 도움이 됩니다. 전기방석 등은 저온 화상의 원인이 될 수 있으므로, 타이머 기능을 이용해 자동 종료 설정을 권장합니다.

4. 외출 및 퇴근 시 전원 차단

업무 종료 후에는 난방기기의 전원을 반드시 차단하고, 가능하다면 플러그를 뽑는 것까지 실천해 주시기 바랍니다. 전원이 연결된 상태에서의 장시간 방치는 누전이나 과열 사고로 이어질 수 있으며, 실제로 퇴근 후 화재 사례도 보고된 바 있습니다.

사무실 내 안전은 전 직원의 실천으로 지켜집니다. 난방기기 사용은 개인의 편의를 넘어 전체 사무 환경의 안정성과 직결되는 문제입니다. 겨울철 난방기기 사용 시 위 내용을 숙지하고, 본인과 동료의 안전을 함께 지키는 현명한 사용 태도를 부탁드립니다.

① 난방기기 주변에는 종이, 의류 등 가연성 물질을 두지 않는 것이 바람직하다.
② 전기장판을 사용할 경우에는 타이머 기능을 이용해 자동 종료를 설정하는 것이 좋다.
③ 멀티탭에 여러 난방기기를 함께 연결하면 효율적으로 전기를 사용할 수 있어 권장된다.
④ 장시간 사용 시에는 일정 시간마다 환기를 시켜주는 것이 필요하다.
⑤ 퇴근 시에는 전원 차단은 물론 플러그를 뽑는 것이 바람직하다.

❙9~10❙ 다음은 어느 회사 약관의 일부이다. 약관을 읽고 물음에 답하시오.

제6조(보증사고)

① 보증사고라 함은 아래에 열거된 보증사고 사유 중 하나를 말합니다.

   1. 보증채권자가 전세계약기간 종료 후 1월까지 정당한 사유 없이 전세보증금을 반환받지 못하였을 때

   2. 전세계약 기간 중 전세목적물에 대하여 경매 또는 공매가 실시되어, 배당 후 보증채권자가 전세보증금을 반환받지 못하였을 때

② 제1항 제1호의 보증사고에 있어서는 전세계약기간이 갱신(묵시적 갱신을 포함합니다)되지 않은 경우에 한합니다.

제7조(보증이행 대상이 아닌 채무)

보증회사는 다음 각 호의 어느 하나에 해당하는 사유가 있는 경우에는 보증 채무를 이행하지 아니합니다.

   1. 천재지변, 전쟁, 내란 기타 이와 비슷한 사정으로 주채무자가 전세계약을 이행하지 못함으로써 발생한 채무

   2. 주채무자의 전세보증금 반환의무 지체에 따른 이자 및 지연손해금

   3. 주채무자가 실제 거주하지 않는 명목상 임차인 등 정상계약자가 아닌 자에게 부담하는 채무

   4. 보증채권자가 보증채무이행을 위한 청구서류를 제출하지 아니하거나 협력의무를 이행하지 않는 등 보증채권자의 책임 있는 사유로 발생하거나 증가된 채무 등

제9조(보증채무 이행청구시 제출서류)

① 보증채권자가 보증채무의 이행을 청구할 때에는 보증회사에 다음의 서류를 제출하여야 합니다.

   1. 보증채무이행청구서

   2. 신분증 사본

   3. 보증서 또는 그 사본(보증회사가 확인 가능한 경우에는 생략할 수 있습니다)

   4. 전세계약이 해지 또는 종료되었음을 증명하는 서류

   5. 명도확인서 또는 퇴거예정확인서

   6. 배당표 등 전세보증금 중 미수령액을 증명하는 서류(경ㆍ공매시)

   7. 회사가 요구하는 그 밖의 서류

② 보증채권자는 보증회사로부터 전세계약과 관계있는 서류사본의 교부를 요청받은 때에는 이에 응하여야 합니다.

③ 보증채권자가 제1항 내지 제2항의 서류 중 일부를 누락하여 이행을 청구한 경우 보증회사는 서면으로 기한을 정하여 서류보완을 요청할 수 있습니다.

제18조(분실ㆍ도난 등)

보증채권자는 이 보증서를 분실ㆍ도난 또는 멸실한 경우에는 즉시 보증회사에 신고하여야 합니다. 만일 신고하지 아니함으로써 일어나는 제반 사고에 대하여 보증회사는 책임을 부담하지 아니합니다.

9 이 회사의 사원 L은 약관을 읽고 질의응답에 답변을 했다. 질문에 대한 답변으로 옳지 않은 것은?

① Q : 2년 전세 계약이 만료되고 묵시적으로 계약이 연장되었는데, 이 경우도 보증사고에 해당
　　 하는 건가요?
　 A : 묵시적으로 전세계약기간이 갱신된 경우에는 보증사고에 해당하지 않습니다.

② Q : 보증서를 분실하였는데 어떻게 해야 하나요?
　 A : 즉시 보증회사에 신고하여야 합니다. 그렇지 않다면 제반 사고에 대하여 보증회사는 책임
　　 지지 않습니다.

③ Q : 주채무자가 전세보증금 반환의무를 지체하는 바람에 생긴 지연손해금도 보증회사에서 이
　　 행하는 건가요?
　 A : 네. 주채무자의 전세보증금 반환의무 지체에 따른 이자 및 지연손해금도 보증 채무를 이
　　 행하고 있습니다.

④ Q : 보증회사에 제출해야 하는 서류는 어떤 것들이 있나요?
　 A : 보증채무이행청구서, 신분증 사본, 보증서 또는 그 사본, 전세계약이 해지 또는 종료되었
　　 음을 증명하는 서류, 명도확인서 또는 퇴거예정확인서, 배당표 등 전세보증금중 미수령액
　　 을 증명하는 서류(경 · 공매시) 등이 있습니다.

⑤ Q : 여름 홍수로 인해서 주채무자가 전세계약을 이행하지 못하고 있습니다. 이 경우에도 보증
　　 회사가 보증 채무를 이행하는 건가요?
　 A : 천재지변의 사유가 있는 경우에는 보증 채무를 이행하지 아니합니다.

10 다음과 같은 상황이 발생하여 적용되는 약관을 찾아보려고 한다. 적용되는 약관의 조항과 그에 대한 대응방안으로 옳은 것은?

> 보증채권자인 A는 보증채무 이행을 청구하기 위하여 보증채무이행청구서, 신분증 사본, 보증서 사본, 명도확인서를 제출하였다. 이를 검토해 보던 사원 L은 A가 전세계약이 해지 또는 종료되었음을 증명하는 서류를 제출하지 않은 것을 알게 되었다. 이 때, 사원 L은 어떻게 해야 하는가?

① 제9조 제2항, 청구가 없었던 것으로 본다.
② 제9조 제2항, 기간을 정해 서류보완을 요청한다.
③ 제9조 제3항, 청구가 없었던 것으로 본다.
④ 제9조 제3항, 기간을 정해 서류보완을 요청한다.
⑤ 제9조 제3항, 처음부터 청구를 다시 하도록 한다.

11 다음 자료는 H전자 50주년 기념 프로모션에 대한 안내문이다. 안내문을 보고 이해한 내용으로 틀린 사람을 모두 고른 것은?

H전자 50주년 기념행사 안내

  50년이라는 시간동안 저희 H전자를 사랑해주신 고객여러분들께 감사의 마음을 전하고자 아래와 같이 행사를 진행합니다. 많은 이용 부탁드립니다.

– 아래 –

1. 기간 : 2025년 12월 1일 ~ 12월 15일
2. 대상 : 전 구매고객
3. 내용 : 구매 제품별 혜택 상이

제품명		혜택	비고
노트북	H-100	• 15% 할인	현금결제 시 할인금액의 5% 추가 할인
	H-105	• 2년 무상 A/S • 사은품 : 노트북 파우치 or 5GB USB(택 1)	
세탁기	H 휘롬	• 20% 할인 • 사은품 : 세제 세트, 고급 세탁기커버	전시상품 구매 시 할인금액의 5% 추가 할인
TV	스마트 H TV	• 46in 구매시 LED TV 21.5in 무상 증정	
스마트폰	H-Tab20	• 10만 원 할인(H카드 사용 시) • 사은품 : 샤오밍 10000mAh 보조배터리	–
	H-V10	• 8만 원 할인(H카드 사용 시) • 사은품 : 샤오밍 5000mAh 보조배터리	–

4. 기타 : 기간 내에 H카드로 매장 방문 20만 원 이상 구매고객에게 1만 서비스 포인트를 더 드립니다.
5. 추첨행사 안내 : 매장 방문고객 모두에게 추첨권을 드립니다(1인 1매).

등수	상품
1등상(1명)	H캠-500D
2등상(10명)	샤오밍 10000mAh 보조배터리
3등상(500명)	스타베네 상품권(1만 원)

※ 추첨권 당첨자는 2025년 12월 25일 www.H-digital.co.kr에서 확인하실 수 있습니다.

┌───┐
│ ㉠ 수미 : H-100 노트북을 현금으로 사면 20%나 할인 받을 수 있구나.
│ ㉡ 병진 : 스마트폰 할인을 받으려면 H카드가 있어야 해.
│ ㉢ 지수 : 46in 스마트 H TV를 사면 같은 기종의 작은 TV를 사은품으로 준대.
│ ㉣ 효정 : H전자에서 할인 혜택을 받으려면 H카드나 현금만 사용해야 하나봐.
└───┘

① 수미   ② 병진, 지수
③ 수미, 효정   ④ 수미, 병진, 효정
⑤ 수미, 지수, 효정

12 다음 글에 나타난 '역사적 사실'에 대한 내용으로 옳지 않은 것은?

> 역사적 사실은 단순히 과거의 사건 그 자체로만 존재하는 것이 아니다. 시대와 연구자의 관점에 따라 다양한 의미로 해석되며, 그로 인해 같은 사건이라도 바라보는 시각에 따라 전혀 다른 평가가 내려지는 경우가 있다.
>
> 산업혁명은 18세기 후반 영국에서 시작되어 전 세계로 확산된 경제·사회적 변혁이다. 증기기관의 발명과 기계화의 보급은 생산성을 획기적으로 높였으며, 철도와 통신망의 발달은 세계를 빠르게 연결시켰다. 이러한 변화는 분명한 역사적 사실로서 인류의 생활 방식을 근본적으로 바꾸어 놓았다. 그러나 산업혁명의 의미에 대해서는 학자들 사이에서도 다양한 해석이 존재한다.
>
> 일부는 산업혁명을 인류 발전의 분수령으로 보며, 자본주의 경제의 토대를 마련하고 생활수준을 향상시킨 긍정적 사건으로 평가한다. 반면 산업혁명이 아동 노동의 확산, 노동 환경의 악화, 빈부격차, 환경 파괴와 같은 부정적 결과를 초래했다는 시각도 있다.
>
> 이처럼 역사적 사실은 하나의 객관적 사건으로 존재하지만, 그것이 지닌 의미와 가치는 단일하게 규정되지 않는다. 시대적 배경, 연구자의 문제의식, 그리고 후대의 사회적 가치관에 따라 동일한 사실조차 상반된 해석을 낳는다. 따라서 역사적 사실을 이해한다는 것은 단순히 과거에 무슨 일이 있었는지를 아는 데 그치지 않고, 그 사실이 어떻게 기억되고 어떤 의미를 지니는지 탐구하는 과정이라 할 수 있다.

① 역사적 사실은 과거사건 그대로의 모습으로 존재하며 객관적인 해석으로 이해된다.

② 역사적 사실에는 증거와 검증이 필요하지 않으며, 전해 내려오는 이야기 자체로 인정된다.

③ 역사적 사실은 객관적 사실 위에 서 있으면서도, 어떤 문제의식을 갖고 바라보느냐에 따라 상반된 평가와 해석이 가능하다.

④ 역사적 사실은 후대에 왜곡되거나 정치적 의도에 의해 이용될 가능성이 있으며 이러한 왜곡은 사실에 대한 이해를 방해한다.

⑤ 역사적 사실의 해석은 시대적 배경에 기인하므로 다양한 사건으로 존재하나 연구자의 관점에 따라 단일한 결론으로 수렴할 수 있다.

13

> 저소득 계층을 위한 지원 방안으로는 대상자에게 현금을 직접 지급하는 소득보조, 생활필수품의 가격을 할인해 주는 가격보조 등이 있다.
>
> (개) 특별한 조건이 없다면 최적의 소비선택은 무차별 곡선과 예산선의 접점에서 이루어진다.
>
> (내) 또한 X재, Y재를 함께 구매했을 때, 만족도가 동일하게 나타나는 X재와 Y재 수량을 조합한 선을 무차별 곡선이라고 한다.
>
> (대) 그런데 소득보조나 가격보조가 실시되면 실질 소득의 증가로 예산선이 변하고, 이에 따라 소비자마다 만족하는 상품 조합도 변하게 된다.
>
> (래) 이 제도들을 이해하기 위해서는 먼저 대체효과와 소득효과의 개념을 아는 것이 필요하다.
>
> (매) 어떤 소비자가 X재와 Y재만을 구입한다고 할 때, 한정된 소득 범위 내에서 최대로 구입 가능한 X재와 Y재의 수량을 나타낸 선을 예산선이라고 한다.
>
> 즉 예산선과 무차별 곡선의 변화에 따라 각 소비자의 최적 선택지점도 변하는 것이다.

① (개) - (내) - (래) - (매) - (대)

② (대) - (매) - (개) - (내) - (래)

③ (래) - (매) - (내) - (개) - (대)

④ (매) - (개) - (내) - (대) - (래)

⑤ (내) - (개) - (매) - (대) - (래)

14

제약 산업은 1960년대 냉전 시대부터 지금까지 이윤율 1위를 계속 고수해 온 고수익 산업이다.

㈎ 또 미국은 미-싱가폴 양자 간 무역 협정을 통해 특허 기간을 20년에서 50년으로 늘렸고, 이를 다른 나라와의 무역 협정에도 적용하려 하고 있다.

㈏ 다국적 제약사를 갖고 있는 미국 등 선진국들이 지적 재산권을 적극적으로 주장하는 핵심적인 이유도 이런 독점을 이용한 이윤 창출에 있다.

㈐ 이 이윤율의 크기는 의약품 특허에 따라 결정되는데 독점적인 특허권을 바탕으로 '마음대로' 정해진 가격이 유지되고 있다.

㈑ 이를 위해 다국적 제약 회사와 해당 국가들은 지적 재산권을 제도화하고 의약품 특허를 더욱 강화하고 있다.

㈒ 제약 산업은 냉전 시대에는 군수 산업보다 높은 이윤을 창출하였고, 신자유주의 시대인 지금은 은행보다 더 높은 평균이윤율을 자랑하고 있다.

① ㈏ - ㈑ - ㈎ - ㈒ - ㈐
② ㈐ - ㈎ - ㈑ - ㈏ - ㈒
③ ㈐ - ㈑ - ㈏ - ㈎ - ㈒
④ ㈒ - ㈏ - ㈐ - ㈑ - ㈎
⑤ ㈒ - ㈐ - ㈏ - ㈑ - ㈎

사진은 자신의 주관대로 끌고 가야 한다. 일정한 규칙이 없는 사진 문법으로 의사 소통을 하고자 할 때 필요한 것은 대상이 되는 사물의 객관적 배열이 아니라 주관적 조합이다. 어떤 사물을 어떻게 조합해서 어떤 생각이나 느낌을 나타내는가 하는 것은 작가의 주관적 판단에 의할 수밖에 없다. 다만 철저하게 주관적으로 엮어야 한다는 것만은 확실하다.

주관적으로 엮고, 사물을 조합한다고 해서 소위 '만드는 사진'처럼 합성을 하고 이중 촬영을 하라는 뜻은 아니다. 특히 요즈음 디지털 사진이 보편화되면서 포토샵을 이용한 합성이 많이 보이지만, 그런 것을 권하려는 것이 아니다. 사물을 있는 그대로 찍되, 주위 환경과 어떻게 어울리게 하여 어떤 의미로 살려 낼지를 살펴서 그들끼리 연관을 지을 줄 아는 능력을 키우라는 뜻이다.

사람들 중에는 아직도 사진이 객관적인 매체라고 오해하는 사람들이 퍽 많다. 그러나 사진의 형태만 보면 객관적일 수 있지만, 내용으로 들어가 보면 객관성은 한 올도 없다. 어떤 대상을 찍을 것인가 하는 것부터가 주관적인 선택 행위이다. 아름다움을 표현하기 위해서 꽃을 찍는 사람이 있는가 하면 꽃 위를 나는 나비를 찍는 사람도 있을 것이고 그 곁의 여인을 찍는 사람도 있을 것이다. 이처럼 어떤 대상을 택하는가 하는 것부터가 주관적인 작업이며, 이것이 사진이라는 것을 머리에 새겨 두고 사진에 임해야 한다. 특히 그 대상을 어떻게 찍을 것인가로 들어가면 이제부터는 전적으로 주관적인 행위일 수밖에 없다. 렌즈의 선택, 셔터 스피드나 조리개 값의 결정, 대상과의 거리 정하기 등 객관적으로는 전혀 찍을 수 없는 것이 사진이다. 그림이나 조각만이 주관적 예술은 아니다.

때로 객관적이고자 하는 마음으로 접근할 수도 있기는 하다. 특히 다큐멘터리 사진의 경우 상황을 객관적으로 파악, 전달하고자 하는 마음은 이해가 되지만, 어떤 사람도 완전히 객관적으로 접근할 수는 없다. 그 객관이라는 것도 그 사람 입장에서의 객관이지 절대적 객관이란 이 세상에 있을 수가 없는 것이다. 더구나 예술로서의 사진으로 접근함에 있어서야 말할 것도 없는 문제이다. 객관적이고자 하는 시도도 과거의 예술에서 있기는 했지만, 그 역시 객관적이고자 실험을 해 본 것일 뿐 객관적 예술을 이루었다는 것은 아니다.

예술이 아닌 단순 매체로서의 사진이라 해도 객관적일 수는 없다. 그 이유는 간단하다. 사진기가 저 혼자 찍으면 모를까, 찍는 사람이 있는 한 그 사람의 생각과 느낌은 어떻게든지 그 사진에 작용을 한다. 하다못해 무엇을 찍을 것인가 하는 선택부터가 주관적인 행위이다. 더구나 예술로서, 창작으로서의 사진은 주관을 배제하고는 존재조차 할 수 없다는 사실을 깊이 새겨서, 언제나 '나는 이렇게 보았다. 이렇게 생각한다. 이렇게 느꼈다.'라는 점에 충실하도록 노력해야 할 것이다.

① 사진의 주관성을 염두에 두어야 하는 까닭은 무엇인가?

② 사진으로 의사 소통을 하고자 할 때 필요한 것은 무엇인가?

③ 단순 매체로서의 사진도 객관적일 수 없는 까닭은 무엇인가?

④ 사진의 객관성을 살리기 위해서는 구체적으로 어떤 작업을 해야 하는가?

⑤ 사진을 찍을 때 사물을 주관적으로 엮고 조합하라는 것은 어떤 의미인가?

16 다음 중 밑줄 친 어휘의 사용이 올바르지 않은 것은?

① <u>가늠이</u> 안 되는 건물의 높이에 웃음으로 놀라움에 표현을 <u>갈음하였다</u>.

② 그렇게 여러 번 당해서 <u>데고도</u> 또 시간에 <u>대서</u> 오질 못했다.

③ 그녀는 잠자리에서 몸을 <u>추켜세우고는</u> 화장대에서 눈썹을 <u>치켜세우기</u> 시작하였다.

④ 콩이 <u>붓기</u> 시작하니 어머니는 가마솥에 물을 <u>붇고</u> 끓이기 시작하였다.

⑤ 잡은 물고기에 알이 가득 <u>배어서</u> 차마 칼로 <u>베지를</u> 못하였다.

　　주먹과 손바닥으로 상징되는 이항 대립 체계는 롤랑 바르트도 지적하고 있듯이 서구 문화의 뿌리를 이루고 있는 기본 체계이다. 천사와 악마, 영혼과 육신, 선과 악, 괴물을 죽여야 공주와 행복한 결혼을 한다는 이른바 세인트 조지 콤플렉스가 바로 서구 문화의 본질이었다고 할 수 있다. 그러니까 서양에는 이항 대립의 중간항인 가위가 결핍되어 있었던 것이다. 주먹과 보자기만 있는 대립항에서는 어떤 새로운 변화도 일어나지 않는다. 항상 이기는 보자기와 지는 주먹의 대립만이 존재한다.

　　서양에도 가위바위보와 같은 민속놀이가 있긴 하지만 그것은 동아시아에서 들어온 것이라고 한다. 그들은 이런 놀이를 들여옴으로써 서양 문화가 논리적 배중률이니 모순율이니 해서 극력 배제하려고 했던 가위의 힘, 말하자면 세 손가락은 닫혀 있고 두 손가락은 펴 있는 양쪽의 성질을 모두 갖춘 중간항을 발견하였다. 열려 있으면서도 닫혀 있는 가위의 존재, 그 때문에 이항 대립의 주먹과 보자기의 세계에 새로운 생기와 긴장감이 생겨난다. 주먹은 가위를 이기고 가위는 보자기를 이기며 보자기는 주먹을 이기는, 그 어느 것도 정상에 이를 수 없으며 그 어느 것도 밑바닥에 깔리지 않는 서열 없는 관계가 형성되는 것이다.

　　유교에서 말하는 중용(中庸)도 가위의 기호 체계로 보면 정태론이 아니라 강력한 동태적 생성력으로 해석될 수 있을 것이다. 그것은 단순한 균형이나 조화가 아니라 주먹과 보자기의 가치 시스템을 파괴하고 새로운 질서를 끌어내는 혁명의 원리라고도 볼 수 있다. 〈역경(易經)〉을 서양 사람들이 변화의 서(書)라고 부르듯이 중용 역시 변화를 전제로 한 균형이며 조화라는 것을 잊어서는 안 된다. 쥐구멍에도 볕들 날이 있다는 희망은 이와 같이 변화의 상황에서만 가능한 꿈이라고 할 수 있다.

　　요즘 서구에서 일고 있는 '제3의 길'이란 것은 평등과 자유가 이항 대립으로 치닫고 있는 것을 새로운 가위의 패러다임으로 바꾸려는 시도라고 풀이할 수 있다. 지난 냉전 체제는 바로 정치 원리인 평등을 극단적으로 추구하는 구소련의 체제와 경제 원리인 자유를 극대화한 미국 체제의 충돌이었다고 할 수 있다. 이 '바위-보'의 대립 구조에 새로운 가위가 끼어들면서 구소련은 붕괴하고 자본주의는 승리라기보다 새로운 패러다임의 전환점에 서 있게 된 것이다. 새 천년의 21세기는 새로운 게임, 즉 가위바위보의 게임으로 상징된다고도 볼 수 있다. 화식과 생식의 요리 모델밖에 모르는 서구 문화에 화식(火食)도 생식(生食)도 아닌 발효식의 한국 김치가 들어가게 되면 바로 그러한 가위 문화가 생겨나게 되는 것이다.

　　역사학자 홉스봄의 지적대로 20세기는 극단의 시대였다. 이런 대립적인 상황이 열전이나 냉전으로 나타나 1억 8천만 명의 전사자를 낳는 비극을 만들었다. 전쟁만이 아니라 정신과 물질의 양극화로 환경은 파괴되고 세대의 갈등과 양성의 대립은 가족의 붕괴, 윤리의 붕괴를 일으키고 있다. 원래 예술과 기술은 같은 것이었으나 그것이 양극화되어 이상과 현실의 간극처럼 되고 인간 생활의 균형을 깨뜨리고 말았다. 이런 위기에서 벗어나기 위해 우리는 주먹과 보자기의 대립을 조화시키고 융합하는 방법을 찾아야 할 것이다.

① 예술과 기술의 조화를 이룬 발전을 이루어야 한다.

② 미래의 사회는 자유와 평등을 함께 구현하여야 한다.

③ 동양 문화의 장점을 살려 새로운 문화를 창조해야 한다.

④ 이분법적인 사고에서 벗어나 새로운 발상을 하여야 한다.

⑤ 냉전 시대의 해체로 화합과 조화의 자세가 요구되고 있다.

18 다음은 고령화 시대의 노인 복지 문제라는 제목으로 글을 쓰기 위해 수집한 자료이다. 자료를 모두 종합하여 설정할 수 있는 논지 전개 방향으로 가장 적절한 것은?

○ 노령화 지수 추이

연도	1990년	2000년	2010년	2020년	2030년
노령화 지수	20.0	34.3	62.0	109.0	186.6

※ 노령화 지수 : 유년인구 100명당 노령인구

○ 경제 활동 인구 한 명당 노인 부양 부담이 크게 증가할 것으로 예상된다. 노인 인구에 대한 의료비 증가로 건강 보험 재정도 위기 상황에 처할 수 있을 것으로 보인다. 향후 노인 요양 시설 및 재가(在家) 서비스를 위해 부담해야 할 투자비용도 막대하다.

－ 00월 00일 ○○뉴스 중 －

○ 연금 보험이나 의료 보험 같은 혜택도 중요하지만 우리 같은 노인이 경제적으로 독립할 수 있도록 일자리를 만들어 주는 것이 더 중요한 것 같습니다.

－ 정년 퇴직자의 인터뷰 중 －

① 노인 인구의 증가 속도에 맞춰 노인 복지 예산 마련이 시급한 상황이다. 노인 복지 예산을 마련하기 위한 구체적 방안은 무엇인가?

② 노인 인구의 급격한 증가로 여러 가지 사회 문제가 나타날 것으로 예상된다. 이러한 상황의 심각성을 사람들에게 어떻게 인식시킬 것인가?

③ 노인 인구의 증가가 예상되면서 노인 복지 대책 또한 절실히 요구되고 있다. 이러한 상황에서 노인 복지 정책의 바람직한 방향은 무엇인가?

④ 노인 인구가 증가하면서 노인 복지 정책에 대한 노인들의 불만도 높아지고 있다. 이러한 불만을 해소하기 위해서 정부는 어떠한 노력을 해야 하는가?

⑤ 현재 정부의 노인 복지 정책이 마련되어 있기는 하지만 실질적인 복지 혜택으로 이어지지 않고 있다. 이러한 현상이 나타나게 된 근본 원인은 무엇인가?

19 다음은 라디오 대담의 일부이다. 대담 참여자의 말하기 방식에 대한 설명으로 적절하지 않은 것은?

> 진행자 : 청취자 여러분, 안녕하세요. 오늘은 ○○ 법률 연구소에 계신 법률 전문가를 모시고 생활 법률 상식을 배워보겠습니다. 안녕하세요?
>
> 전문가 : 네, 안녕하세요. 오늘은 '정당행위'에 대해 말씀드리고자 합니다. 먼저 여러분께 문제 하나 내 보겠습니다. 만약 히어로가 도시를 파괴하려는 악당들과 싸우다 남의 건물을 부쉈다면, 부서진 건물은 누가 배상해야 할까요?
>
> 진행자 : 일반적인 경우라면 건물을 부순 사람이 보상해야겠지만, 이런 경우에 정의를 위해 악당과 싸운 히어로에게 보상을 요구하는 것은 좀 지나친 것 같습니다.
>
> 전문가 : 청취자 여러분들도 이와 비슷한 생각을 하실 것 같은데요, 이런 경우에는 히어로의 행위를 악당으로부터 도시를 지키기 위한 행위로 보고 민법 761조 1항에 의해 배상책임을 면할 수 있도록 하고 있습니다. 이때 히어로의 행위를 '정당행위'라고 합니다.
>
> 진행자 : 아, 그러니까 악당으로부터 도시를 지키기 위해 싸운 히어로의 행위가 '정당행위'이고, 정당행위로 인한 부득이한 손해는 배상할 필요가 없다는 뜻이군요.
>
> 전문가 : 네, 맞습니다. 그래야 히어로의 경우처럼 불의를 보고 나섰다가 오히려 손해를 보는 일이 없겠죠.
>
> 진행자 : 그런데 문득 이런 의문이 드네요. 만약 히어로에게 배상을 받을 수 없다면 건물 주인은 누구에게 배상을 받을 수 있을까요?
>
> 전문가 : 그래서 앞서 말씀드린 민법 동일 조항에서는 정당행위로 인해 손해를 입은 사람이 애초에 불법행위를 저질러 손해의 원인을 제공한 사람에게 배상을 청구할 수 있도록 하고 있습니다. 즉 건물 주인은 악당에게 손해배상을 청구할 수 있습니다.

① 진행자는 화제와 관련된 질문을 던지며 대담을 진전시키고 있다.
② 진행자는 전문가가 한 말의 핵심 내용을 재확인함으로써 청취자들의 이해를 돕고 있다.
③ 전문가는 청취자가 관심을 가질 질문을 던져 화제에 집중도를 높이고 있다.
④ 전문가는 구체적인 법률 근거를 제시하여 신뢰성을 높이고 있다.
⑤ 전문가는 추가적인 정보를 제시함으로써 진행자의 오해를 바로잡고 있다.

20 다음 글을 읽고 (　　) 안에 들어갈 문장으로 옳은 것은?

> 　서양화에 원근법, 명암법, 해부학적 사실성 등 과학적 기법의 도입은 현실 세계를 사실적으로 재현하려는 시도로 자리 잡았다. 르네상스 이후 바로크, 로코코, 신고전주의, 낭만주의, 인상주의에 이르기까지, 서양화는 시대의 철학과 사회적 요구에 따라 끊임없이 변모하였다. 예컨대, 고전주의는 질서와 조화를 추구한 반면, 인상주의는 순간적인 빛과 색채의 효과를 포착하는 데 주목하였다. 이처럼 (　　) 따라서 서양화의 역사는 곧 서양 사회의 사상과 문화가 반영된 하나의 거울이라 할 수 있다.

① 과학적 기법은 배제되고 상징적 의미 전달만이 핵심으로 자리했다.

② 사실적 재현보다 장식성과 과장된 상상력이 언제나 우선시되었다.

③ 사회적 요구나 철학적 흐름과는 무관하게 개인 취향만을 반영해 발전해 왔다.

④ 서양화는 특정 화풍을 고수하며 시대 변화와 무관하게 동일한 양식을 유지해 왔다.

⑤ 서양화는 특정한 양식에 국한되지 않고, 인간과 세계를 바라보는 관점의 변화에 따라 새롭게 확장되어 왔다.

수리능력

정답 및 해설 p.262

1 다음은 국가별 연간 CO_2 배출량에 대한 자료이다. 자료에 대한 설명으로 옳은 것은?

〈표〉 국가별 연간 CO_2 배출량

구분	2022년		2023년		2024년	
	총량(MtCO₂)	1인당(톤)	총량(MtCO₂)	1인당(톤)	총량(MtCO₂)	1인당(톤)
중국	9,200	6.7	9,300	6.8	9,400	6.9
독일	760	9.3	750	9.2	740	9.1
인도	2200	1.7	2,300	1.8	2,400	1.9
러시아	1,700	11.7	1,680	11.5	1,650	11.2
사우디아라비아	620	19.2	640	19.8	660	20.1
한국	580	11.4	590	11.5	600	11.7
미국	5,000	15.4	4,950	15.1	4,900	14.9
일본	1,200	9.6	1,180	9.4	1,150	9.2
이란	700	8.8	710	9.0	720	9.2
인도네시아	500	2.0	510	2.1	520	2.2

※ 1) MtCO₂(메가이산화탄소톤) = 백만 톤(Megatonne = 10^6 톤)

2) MtCO₂를 탄소톤으로 전환하려면 3.67을 곱한다.

① 2024년 기준, 인도의 인구는 한국의 10배 미만이다.

② 2023년 미국의 CO_2 총배출량은 탄소톤 기준으로 15,000톤을 초과하지 않는다.

③ 2022년도 인구수가 가장 많은 국가는 중국이며, 가장 적은 국가는 사우디아라비아이다.

④ 2022 ~ 2024년 동안 중국의 배출 총량은 매년 증가했지만, 1인당 배출량은 일정하게 유지되었다.

⑤ 2024년 러시아의 총 배출량은 인도네시아보다 약 3배 많지만, 러시아의 1인당 배출량은 인도네시아의 절반에도 못 미친다.

2 다음은 어느 지역에서 개최하는 전시회의 연도별, 기업별 부스 방문객 현황을 나타낸 자료이다.
이를 통해 알 수 있는 내용으로 적절하지 않은 것은?

(단위 : 명)

연도 전시기업	2020년	2021년	2022년	2023년	2024년	2025년
A 기업	1,742	2,011	2,135	2,243	2,413	2,432
B 기업	2,418	2,499	2,513	2,132	2,521	2,145
C 기업	3,224	3,424	3,124	3,017	3,114	3,011
D 기업	1,245	1,526	1,655	1,899	2,013	2,114
E 기업	2,366	2,666	2,974	3,015	3,115	3,458
F 기업	524	611	688	763	1,015	1,142
G 기업	491	574	574	630	836	828
전체	12,010	13,311	13,663	13,699	15,027	15,130

① 전시회의 연도별 전체 방문객 방문 현황을 알 수 있다.
② 전시회 참여 업체의 평균 방문객 수를 알 수 있다.
③ 각 기업별 전시회 참여를 통한 매출 변동을 알 수 있다.
④ 방문객이 가장 많은 기업의 연도별 방문객 변동 내역을 확인할 수 있다.
⑤ 평균 방문객 수에 미치지 못하는 기업의 수를 알 수 있다.

|3~4| 다음 표는 2023년과 2024년 친환경인증 농산물의 생산 현황에 관한 자료이다. 이를 보고 물음에 답하시오.

〈표〉 종류별, 지역별 친환경인증 농산물 생산 현황

(단위 : 톤)

구분		2024년				2023년
		합	인증형태			
			유기농산물	무농약농산물	저농약농산물	
종류	곡류	343,380	54,025	269,280	20,075	371,055
	과실류	341,054	9,116	26,850	305,088	457,794
	채소류	585,004	74,750	351,340	158,914	753,524
	서류	41,782	9,023	30,157	2,602	59,407
	특용작물	163,762	6,782	155,434	1,546	190,069
	기타	23,253	14,560	8,452	241	20,392
	계	1,498,235	168,256	841,513	488,466	1,852,241
지역	서울	1,746	106	1,544	96	1,938
	부산	4,040	48	1,501	2,491	6,913
	대구	13,835	749	3,285	9,801	13,852
	인천	7,663	1,093	6,488	82	7,282
	광주	5,946	144	3,947	1,855	7,474
	대전	1,521	195	855	471	1,550
	울산	10,859	408	5,142	5,309	13,792
	세종	1,377	198	826	353	0
	경기도	109,294	13,891	71,521	23,882	126,209
	강원도	83,584	17,097	52,810	13,677	68,300
	충청도	159,495	29,506	64,327	65,662	207,753
	전라도	611,468	43,330	443,921	124,217	922,641
	경상도	467,259	52,567	176,491	238,201	457,598
	제주도	20,148	8,924	8,855	2,369	16,939
	계	1,498,235	168,256	841,513	488,466	1,852,241

3 위의 표에 대한 설명으로 옳지 않은 것은?

① 2024년 친환경인증 농산물 중 가장 많은 비중을 차지하는 종류는 채소류이다.

② 2024년 친환경인증 농산물 중 두 번째로 높은 비중을 차지하는 지역은 경상도이다.

③ 2024년 친환경인증 농산물은 기타를 제외하고 모든 종류에서 생산량이 전년에 비해 감소하였다.

④ 2024년 친환경인증 농산물 중 무농약 농산물은 55% 이상을 차지한다.

⑤ 2024년 친환경인증 농산물 생산량이 전년 대비 가장 많이 증가한 지역은 세종이다.

4 서울, 부산, 울산, 충청도, 전라도 중 2024년 친환경인증 농산물의 생산량이 전년 대비 감소율이 가장 큰 지역은?

① 서울

② 부산

③ 울산

④ 충청도

⑤ 전라도

❚5~6❚ 다음 표는 2020년부터 2024년까지 5년간 손해보험과 생명보험의 전체 수지실적에 관한 자료이다. 이를 보고 물음에 답하시오.

<표1> 5년간 손해보험의 수지실적

(단위 : 십억 원)

연도	경과보험료	발생손해액	순사업비
2020년	23,712	18,671	5,351
2021년	27,413	21,705	6,377
2022년	32,253	24,867	7,402
2023년	36,682	28,300	8,967
2024년	42,475	33,312	9,614

<표2> 5년간 생명보험의 수지실적

(단위 : 십억 원)

연도	경과보험료	발생손해액	순사업비
2020년	61,472	35,584	10,989
2021년	66,455	35,146	12,084
2022년	75,096	44,877	13,881
2023년	73,561	47,544	13,715
2024년	76,957	47,379	12,796

※ 손해율(%)=(총지출액/경과보험료)×100

※ 손해율은 보험사의 수지실적을 나타내는 대표적인 지표이다.

※ 총지출액=발생손해액+순사업비

5 위의 자료에 대한 설명으로 옳은 것은?

① 5년간 손해보험과 생명보험 모두 경과보험료는 매년 증가하고 있다.

② 2020년 손해보험의 손해율은 105%가 넘는다.

③ 2023년 생명보험의 경과보험료는 손해보험 경과보험료의 2배 이상이다.

④ 2021년 경과보험료 대비 순사업비의 비중은 손해보험이 생명보험보다 낮다.

⑤ 5년간 손해보험과 생명보험 모두 총지출액은 매년 증가하고 있다.

6 다음 중 생명보험의 손해율이 가장 컸던 해는? (단, 소수점 둘째 자리에서 반올림한다)

① 2020년   ② 2021년

③ 2022년   ④ 2023년

⑤ 2024년

7 다음 표는 A지역 전체 가구를 대상으로 사고 전후의 식수조달원 변경에 대해 설문조사한 결과이다. 사고 전에 비해 사고 후에 이용 가구 수가 감소한 식수조달원의 수는 몇 개인가?

사고 전 조달원 \ 사고 후 조달원	수돗물	정수	약수	생수
수돗물	40	30	20	30
정수	10	50	10	30
약수	20	10	10	40
생수	10	10	10	40

① 0개   ② 1개

③ 2개   ④ 3개

⑤ 4개

8 다음 자료에 대한 설명으로 올바른 것은?

<한우 연도별 등급 비율>

(단위 : %, 두)

연도	육질 등급					합계	한우등급 판정두수
	1++	1+	1	2	3		
2018년	7.5	19.5	27.0	25.2	19.9	99.1	588,003
2019년	8.6	20.5	27.6	24.7	17.9	99.3	643,930
2020년	9.7	22.7	30.7	25.2	11.0	99.3	602,016
2021년	9.2	22.6	30.6	25.5	11.6	99.5	718,256
2022년	9.3	20.2	28.6	27.3	14.1	99.5	842,771
2023년	9.2	21.0	31.0	27.1	11.2	99.5	959,751
2024년	9.3	22.6	32.8	25.4	8.8	98.9	839,161

① 1++ 등급으로 판정된 한우의 두수는 2020년이 2021년보다 더 많다.

② 1등급 이상이 60%를 넘은 해는 모두 3개년이다.

③ 3등급 판정을 받은 한우의 두수는 2020년이 가장 적다.

④ 전년보다 1++ 등급의 비율이 더 많아진 해에는 3등급의 비율이 매번 더 적어졌다.

⑤ 1++ 등급의 비율이 가장 낮은 해는 3등급의 비율이 가장 높은 해이며, 반대로 1++ 등급의
비율이 가장 높은 해는 3등급의 비율이 가장 낮다.

9 다음 표는 A카페의 커피 판매정보에 대한 자료이다. 한 잔만을 더 판매하고 영업을 종료한다고 할 때, 총이익이 정확히 64,000원이 되기 위해서 판매해야 하는 메뉴는?

〈표〉 A카페의 커피 판매정보

(단위 : 원, 잔)

구분 메뉴	한 잔 판매가격	현재까지의 판매량	한 잔당 재료(재료비)				
			원두 (200)	우유 (300)	바닐라시럽 (100)	초코시럽 (150)	카라멜시럽 (250)
아메리카노	3,000	5	○	×	×	×	×
카페라떼	3,500	3	○	○	×	×	×
바닐라라떼	4,000	3	○	○	○	×	×
카페모카	4,000	2	○	○	×	○	×
카라멜마끼아또	4,300	6	○	○	○	×	○

※ 1) 메뉴별 이익＝(메뉴별 판매가격－메뉴별 재료비)×메뉴별 판매량
   2) 총이익은 메뉴별 이익의 합이며, 다른 비용은 고려하지 않음
   3) A카페는 5가지 메뉴만을 판매하며, 메뉴별 한 잔 판매가격과 재료비는 변동 없음
   4) ○ : 해당 재료 한 번 사용
      × : 해당 재료 사용하지 않음

① 아메리카노   ② 카페라떼
③ 바닐라라떼   ④ 카페모카
⑤ 카라멜마끼아또

(단위 : 톤)

	2021년	2022년	2023년	2024년
서울특별시	573	592	621	644
부산광역시	1,092	933	1,225	1,783
인천광역시	14,376	18,230	13,287	10,932
광주광역시	2,989	2,344	3,201	3,553
대구광역시	12,094	13,928	10,838	9,846
대전광역시	393	109	98	12
경기도	932,391	848,002	843,118	883,565
강원도	84,024	91,121	100,920	103,827
충청북도	114,215	110,938	125,993	123,412
전라남도	139,310	124,097	126,075	132,222
경상남도	127,656	122,302	121,294	119,383
제주도	18,021	14,355	15,437	19,313

10 다음 중 위의 자료를 잘못 이해한 사람은?

① 소리 : 조사 지역 중 대전광역시는 매년 우유생산량이 가장 적어.

② 현수 : 광주광역시는 매년 2,000톤 이상의 우유를 생산하지만 부산광역시는 그렇지 않군.

③ 정진 : 위의 자료를 통해 경기도의 우유 수요가 가장 많고 그 다음으로 전라남도임을 알 수 있어.

④ 구현 : 2010년 시도별 우유생산량과 2012년 시도별 우유생산량을 비교했을 때 우유생산량이 감소한 지역은 네 군데 있어.

⑤ 수현 : 2012년 경기도의 우유생산량은 강원도의 8배 이상이야.

11 다음 중 조사 기간 동안 우유생산량 변동 추이가 동일하지 않은 지역끼리 짝지은 것은?

① 경기도 - 경상남도　　　　　② 서울특별시 - 강원도
③ 광주광역시 - 전라남도　　　　④ 인천광역시 - 대구광역시
⑤ 부산광역시 - 제주도

12 다음과 같은 자료를 활용하여 작성할 수 있는 하위 자료로 적절하지 않은 것은?

(단위 : 천 가구, 천 명, %)

구분	2020년	2021년	2022년	2023년	2024년
농가	1,142	1,121	1,089	1,068	1,042
농가 비율(%)	6.2	6.0	5.7	5.5	5.3
농가인구	2,847	2,752	2,569	2,496	2,422
남자	1,387	1,340	1,265	1,222	1,184
여자	1,461	1,412	1,305	1,275	1,238
성비	94.9	94.9	96.9	95.9	95.7
농가인구 비율(%)	5.6	5.4	5.0	4.9	4.7

※ 농가 비율과 농가인구 비율은 총 가구 및 총인구에 대한 농가 및 농가인구의 비율임

① 2020 ~2024년 기간의 연평균 농가의 수
② 연도별 농가당 성인 농가인구의 수
③ 총인구 대비 남성과 여성의 농가인구 구성비
④ 연도별, 성별 농가인구 증감 수
⑤ 2024년의 2020년 대비 농가 수 증감률

13 어떤 일을 하는데 수빈이는 16일, 혜림이는 12일이 걸린다. 처음에는 수빈이 혼자서 3일 동안 일하고, 그 다음은 수빈이와 혜림이가 같이 일을 하다가 마지막 하루는 혜림이만 일하여 일을 끝냈다. 수빈이와 혜림이가 같이 일 한 기간은 며칠인가?

① 3일　　　　　　　　　　　　　② 4일
③ 5일　　　　　　　　　　　　　④ 6일
⑤ 7일

14 A기업에서는 매년 3월에 정기 승진 시험이 있다. 시험을 응시한 사람이 남자사원, 여자사원을 합하여 총 100명이고 시험의 평균이 남자사원은 72점, 여자사원은 76점이며 남녀 전체평균은 73점일 때 시험을 응시한 여자사원의 수는?

① 25명　　　　　　　　　　　　② 30명
③ 35명　　　　　　　　　　　　④ 40명
⑤ 45명

15 수용이는 선생님의 심부름으로 15%의 식염수 300g을 과학실로 옮기던 도중 넘어져서 100g을 쏟았다. 들키지 않기 위해 물 100g을 더 첨가하여 과학실에 가져다 두었다. 식염수의 농도는 얼마인가?

① 10%　　　　　　　　　　　　② 11%
③ 12%　　　　　　　　　　　　④ 13%
⑤ 14%

16 부피가 210cm^3, 높이가 7cm, 밑면의 가로의 길이가 세로의 길이보다 13cm 긴 직육면체가 있다. 이 직육면체의 밑면의 세로의 길이는?

① 2cm　　　　　　　　　　　② 4cm

③ 6cm　　　　　　　　　　　④ 8cm

⑤ 10cm

17 아버지가 9만 원을 나눠서 세 아들에게 용돈을 주려고 한다. 첫째 아들과 둘째 아들은 2 : 1, 둘째 아들과 막내아들은 5 : 3의 비율로 주려고 한다면 막내아들이 받는 용돈은 얼마인가?

① 11,000원　　　　　　　　② 12,000원

③ 13,000원　　　　　　　　④ 14,000원

⑤ 15,000원

18 기은이와 희숙이를 포함한 친구 6명이 식사 값을 내는데 기은이가 17,000원, 희숙이가 19,000원을 내고 나머지 금액을 다른 친구들이 같은 값으로 나누어 냈을 때, 6명이 평균 10,000원을 낸 것이 된다면 나머지 친구 중 한 명이 낸 값은?

① 6,000원　　　　　　　　　② 6,500원

③ 7,000원　　　　　　　　　④ 7,500원

⑤ 8,000원

[상품명] 직장인 스마트 신용대출 상품 설명서

본 상품은 일정한 소득을 지속적으로 받고 있는 직장인을 대상으로 한 비보증 신용대출 상품입니다. 신용등급, 재직기간, 연소득 등의 조건에 따라 대출 한도와 금리는 달라지며, 신청인의 상환 능력을 우선적으로 심사합니다. 대출 실행 전 상품설명서 및 표준 약관을 반드시 읽어보시기 바랍니다.

[상품 주요 정보]

대출 대상 : 만 19세 이상, 재직 6개월 이상, 연소득 2천만 원 이상 직장인

대출 한도 : 최소 300만 원 ~ 최대 5천만 원

대출 기간 : 1년 단위 약정(최대 5년까지 연장 가능)

상환 방식 : 원리금균등분할상환 또는 만기일시상환 중 선택

금리 구간 : 연 6.2% ~ 연 9.8%(신용등급 및 소득에 따라 차등 적용, 고정금리)

중도상환 수수료: 없음

[연체 시 유의사항]

1. 연체이자율은 약정이자율에 연 3%p를 더한 단일 이율로 적용되며, 전체 연체원금에 대해 연체일수에 따라 산정됩니다.

2. 연체 발생 시 별도의 통보 없이 연체이자가 적용되며, 일정 기간 이상 연체가 지속될 경우 채권추심, 금융거래 제한, 신용등급 하락 등이 발생할 수 있습니다.

(예시) 원금 3천만 원, 약정이자율 연 6.5%인 대출자가 원리금 납부일에 미납하여 연체 발생 후 31일 시점에 일시상환할 경우, 연체이자율은 6.5%+3%＝연 9.5%로 적용

연체일수	적용 이율	계산식	연체이자
31일	연 9.5%	3,000만원×9.5%×(31÷365)	241,918원

※ 1) 본 예시는 만기일시 상환 조건의 단순 예시이며, 실제 상환방식, 잔존 원금, 납부일 등에 따라 달라질 수 있습니다.

　2) 최대 연체이자율은 연 15%를 초과할 수 없습니다.

　3) 전체 연체원금에 대해 단일 이율로 적용되며, 연체 초반/후반 구간 나누지 않고 연체일수만큼 일할 계산합니다.

[기타 유의사항]

1. 본 상품은 예금자보호법에 따른 보호 대상이 아니며, 금융회사 파산 시 원리금이 보장되지 않습니다.

2. 고객의 신용등급 및 금융거래 정보는 대출 실행 여부 및 조건에 영향을 미치며, 타 금융기관과 공유될 수 있습니다.

3. 금융소비자는 상품에 대한 설명을 이해한 후 계약을 체결할 수 있으며, 설명을 듣지 못한 경우 금융감독원 등에 민원을 제기할 수 있습니다.

4. 대출 계약 전 반드시 상품설명서, 약관, 금리 및 수수료표를 확인하시기 바랍니다.

19 약정금리 연 7.5%로 직장인 스마트 신용대출 2,000만 원을 대출받은 고객이 납부기일을 넘겨 7일간 연체한 경우, 적용 연체이자율에 따라 납부해야 할 연체이자 금액으로 가장 적절한 것은?

① 30,150원

② 32,145원

③ 35,205원

④ 37,945원

⑤ 40,370원

20 상품설명서에 대한 이해로 가장 적절하지 않은 것은?

① 약정금리가 연 9.8%인 고객의 연체이자율은 연 12.8%이다.

② 상품설명서에는 연체이자를 계산하는 이율과 구조에 대한 정보가 포함되어 있다.

③ 이 상품은 연체 발생 후 14일까지는 약정이자에 대해, 이후는 원금에 대해 각각 연체이자가 부과된다.

④ 상환방식을 선택할 수 있으며, 조기 상환해도 수수료는 발생하지 않는다.

⑤ 약정금리는 고정금리이므로, 대출 실행 이후 시중금리의 변동 여부와 관계없이 동일하게 유지된다.

03 자원관리능력

1 다음 제시된 자료를 참고하여 11월 출장에 필요한 항공료를 고르시오. (단, 항공료는 모든 일정을 포함한 금액이다)

〈항공료〉

국가	도시	편도	왕복
미국	샌프란시스코	1,015,000원	2,265,440원
일본	오사카	247,000원	505,000원
독일	베를린	1,785,560원	2,926,500원
이탈리아	피렌체	1,652,300원	2,855,260원
프랑스	파리	1,789,200원	2,397,800원
스위스	제네바	1,292,400원	2,841,500원

※ 1) 개인은 항공료 20% 할인, 단체는 항공료 35% 할인

2) 단, 단체할인 적용은 5인 이상

〈2025년 출장 일정〉

부서	인원	출장지	일정	비고
영업부	2명	오사카	10월 20일 ~ 10월 24일	왕복
해외사업부	5명	베를린	10월 21일 ~ 10월 30일	왕복
영업부	3명	제네바	11월 3일 ~ 11월 15일	왕복
해외개발부	4명	파리	11월 13일 ~ 11월 20일	편도
수출부	2명	샌프란시스코	12월 4일 ~ 12월 15일	왕복

① 8,737,800원

② 10,002,690원

③ 10,070,760원

④ 12,545,040원

2 K공사는 사내 냉방 효율을 위하여 층별 에어컨 수와 종류를 조정하려고 한다. 사내 냉방 효율 조정 방안을 충족하되 버리는 구형 에어컨과 구입하는 신형 에어컨을 최소화하고자 할 때, K공사는 신형 에어컨을 몇 대 구입해야 하는가?

사내 냉방 효율 조정 방안		
적용순서	조건	미충족 시 조정 방안
1	층별 월 전기료 60만 원 이하	구형 에어컨을 버려 조건 충족
2	구형 에어컨 대비 신형 에어컨 비율 1/2 이상 유지	신형 에어컨을 구입해 조건 충족

※ 구형 에어컨 1대의 월 전기료는 4만 원이고, 신형 에어컨 1대의 월 전기료는 3만 원이다.

사내 냉방시설 현황						
	1층	2층	3층	4층	5층	6층
구형	9	15	12	8	13	10
신형	5	7	6	3	4	5

① 1대   ② 2대

③ 3대   ④ 4대

3 다음은 차량 A, B, C의 연료 및 경제속도 연비, 연료별 리터당 가격에 대한 자료이다. 제시된 〈조건〉을 적용하였을 때, 두 번째로 높은 연료비가 소요되는 차량과 해당 차량의 연료비를 바르게 나열한 것은?〈A, B, C 차량의 연료 및 경제속도 연비〉

차량＼구분	연료	경제속도 연비(km/L)
A	LPG	10
B	휘발유	16
C	경유	20

※ 차량 경제속도는 60km/h 이상 90km/h 미만임

〈연료별 리터당 가격〉

연료	LPG	휘발유	경유
리터당 가격(원/L)	1,000	2,000	1,600

〈조건〉

1. A, B, C 차량은 모두 아래와 같이 각 구간을 한 번씩 주행하고, 각 구간별 주행속도 범위 내에서만 주행한다.

구간	1구간	2구간	3구간
주행거리(km)	100	40	60
주행속도(km/h)	30 이상 60 미만	60 이상 90 미만	90 이상 120 미만

2. A, B, C 차량의 주행속도별 연비적용률은 다음과 같다.

차량	주행속도(km/h)	연비적용률(%)
A	30 이상 60 미만	50.0
A	60 이상 90 미만	100.0
A	90 이상 120 미만	80.0
B	30 이상 60 미만	62.5
B	60 이상 90 미만	100.0
B	90 이상 120 미만	75.0
C	30 이상 60 미만	50.0
C	60 이상 90 미만	100.0
C	90 이상 120 미만	75.0

※ 연비적용률이란 경제속도 연비 대비 주행속도 연비를 백분율로 나타낸 것임

① A, 31,500원
② B, 24,500원
③ B, 35,000원
④ C, 25,600원

 다음은 각 업종에 따른 지구별 기초 수익과 인접 지구 업종에 따른 시너지 효과를 나타낸 것이다. 주어진 자료를 참고하여 물음에 답하시오.

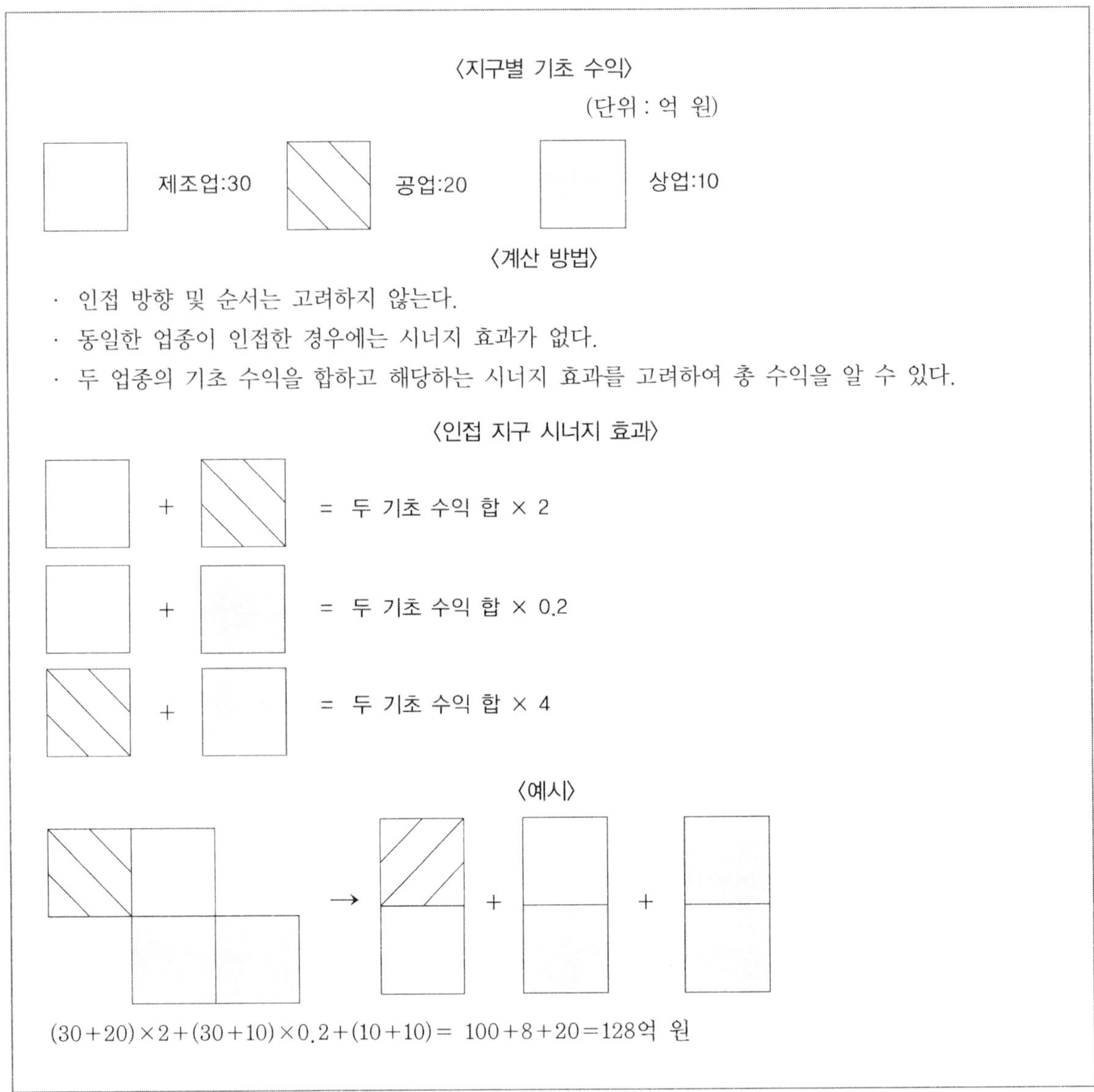

$$(30+20) \times 2 + (30+10) \times 0.2 + (10+10) = 100+8+20 = 128억\ 원$$

4 새로 개발되는 지역의 업종 지구 계획이 다음과 같다고 할 때, 기대되는 총 수익은 얼마인가?

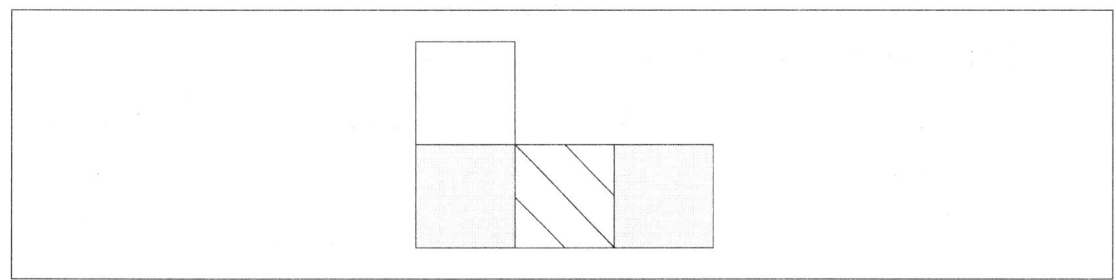

① 188억 원

② 207억 원

③ 248억 원

④ 269억 원

5 총 수익이 400억 원 이상이 되기 위해서는 ? 가 표시된 지역에 어떤 업종이 들어와야 하는가?

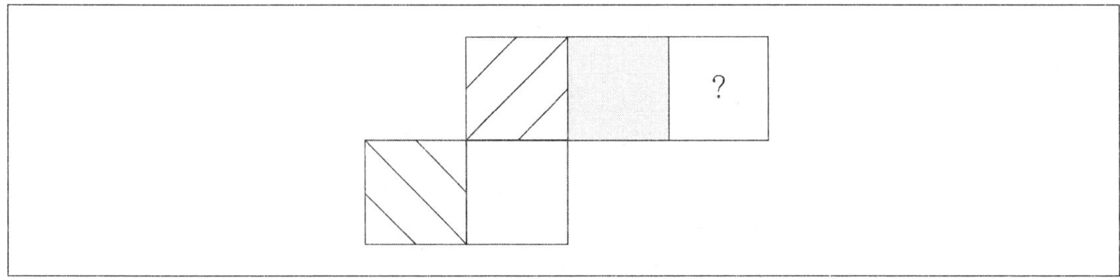

① 제조업

② 공업

③ 서비스업

④ 모두 가능

6 다음은 A, B 두 제품을 1개씩 만드는 데 필요한 전력과 연료 및 하루 사용 제한량이다. A는 1개당 5만 원, B는 1개당 2만 원의 이익이 생기고, 두 제품 A, B를 총 50개 생산한다고 할 때, 이익을 최대로 하려면 제품 A는 몇 개를 생산해야 하는가?

제품	A제품	B제품	하루 사용 제한량
전력(kWh)	50	20	1,600
연료(L)	3	5	240

① 16개 ② 18개

③ 20개 ④ 24개

7 김 대리는 각 영업소를 방문하여 앞으로 추진될 사업 안내서를 1부 씩 전달하기 위해 본사에서 출발하여 모든 영업소를 방문한 후 다시 본사로 돌아오려고 한다. 가장 가까운 거리를 고르면?

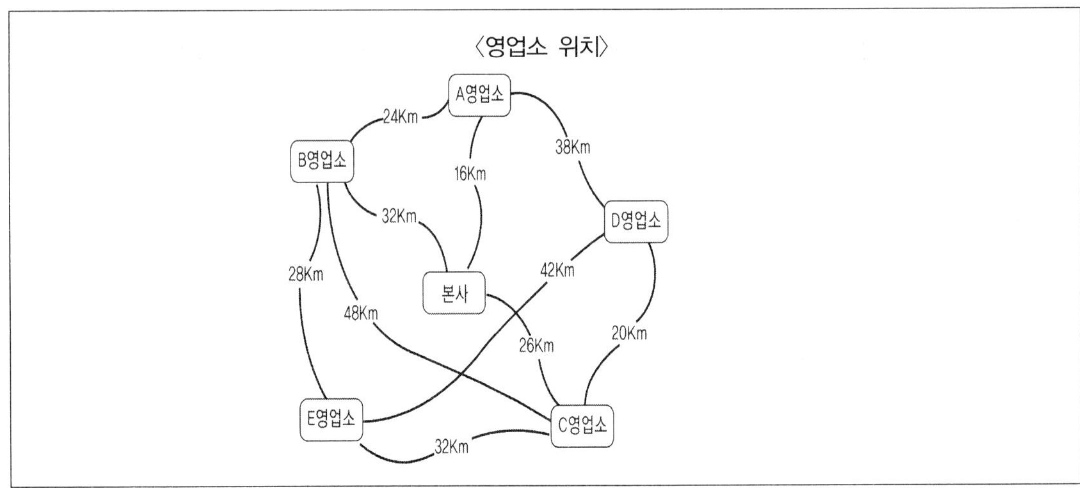

① 146km ② 156km

③ 166km ④ 176km

8 근로자의 근로 여건에 대한 다음 자료를 바탕으로 〈보기〉에서 옳은 것을 모두 고르면?

〈근로자 근로시간 및 임금〉

(단위 : 일, 시간, 천 원)

구분	2021	2022	2023	2024
근로일수	21.3	21.1	20.9	21.1
근로시간	179.9	178.1	177.1	178.4
임금총액	3,178	3,299	3,378	3,490

〈보기〉

㉮ 1일 평균 근로시간은 2023년이 가장 많다.
㉯ 1일 평균 임금총액은 매년 증가하였다.
㉰ 1시간 당 평균 임금총액은 매년 증가하였다.
㉱ 근로시간이 더 많은 해에는 임금총액도 더 많다.

① ㉮, ㉯ 　　　　② ㉯, ㉰
③ ㉰, ㉱ 　　　　④ ㉮, ㉯, ㉰

9 다음 표는 T통신사에서 시행하는 이동 통화 요금제 방식이다. 다음과 같은 방식으로 통화를 할 경우, 한 달 평균 이동전화 사용 시간이 몇 분 이상일 때부터 B요금제가 유리한가?

요금제	기본요금(원)	1분당 전화 요금(원)
A	15,000	180
B	18,000	120

① 35분 　　　　② 40분
③ 45분 　　　　④ 50분

10 업무상 지출하는 비용은 회계상 크게 직접비와 간접비로 구분할 수 있으며, 이러한 지출 비용을 개인의 가계에 대입하여 구분할 수도 있다. M 씨의 개인 지출 내역이 다음과 같을 경우, M 씨의 전체 지출 중 간접비가 차지하는 비중은 얼마인가?

(단위 : 만 원)

보험료	공과금	외식비	전세 보증금	자동차 보험료	의류 구매	병원 치료비
20	55	60	10,000	11	40	15

① 약 13.5%   ② 약 8.8%

③ 약 0.99%   ④ 약 4.3%

11 다음은 중·저준위방사성폐기물 처분시설 유치 관련 주민투표 결과를 나타내는 표이다. 중·저준위방사성폐기물 처분시설 부지선정은 19년간 표류하였던 최장기 국책사업이 최초로 주민투표를 통해 결정됨으로써 풀뿌리 민주주의 실현을 통한 효과적인 폐자원 처리능력과 함께 사회적 갈등에 대한 민주적 해결사례의 새로운 모델을 제시한 바 있다. 다음 〈보기〉의 설명을 토대로 할 때, 빈 칸 ㉠~㉣에 들어갈 알맞은 지역 명을 순서대로 나열한 것은 어느 것인가?

(단위 : 명)

구분	㉠	㉡	㉢	㉣
총 선거인수	208,607	196,980	37,536	374,697
투표인수	147,625	138,192	30,107	178,586
−부재자 투표	70,521	65,336	9,523	63,851
−기표소 투표	77,115	72,856	20,584	114,735
투표율(%)	70.8	70.2	80.2	47.7
찬성률(%)	89.5	84.4	79.3	67.5

① B시 – C시 – A군 – D시
② D시 – A군 – C시 – B시
③ C시 – D시 – A군 – B시
④ D시 – C시 – A군 – B시

12 다음은 오 과장과 권 대리가 다니고 있는 직장의 수당지급에 대한 자료이다. 다음에 근거할 때, 오 과장과 권 대리가 받게 될 수당의 합계 금액은 얼마인가?

〈수당지급규정〉

수당의 종류	지급액 계산방법
시간외 근무수당	통상임금×1.5÷200×근무시간
야간 근무수당	통상임금×0.5÷200×근무시간
휴일 근무수당	통상임금×0.5÷200×근무시간

※ 2개 이상의 근무가 겹치는 경우, 시간외 근무로 판단함

〈추가 근무 시간 내역〉

	시간외 근무	야간 근무	휴일 근무
오 과장	18시간	4시간	8시간
권 대리	22시간	5시간	12시간

※ 오 과장과 권 대리의 통상임금은 각각 320만 원과 280만 원임

① 110.9만 원

② 108.3만 원

③ 102.8만 원

④ 98.5만 원

13 아래의 도표가 〈보기〉와 같은 내용의 근거 자료로 제시되었을 경우, 밑줄 친 ㉠~㉢ 중 도표의 내용에 비추어 올바르지 않은 설명은 어느 것인가?

〈미국 멕시코 만에서 각 경로별 수송 거리〉

(단위 : 해리)

		파나마 운하	수에즈 운하	희망봉	케이프 혼
아시아	일본(도쿄만)	9,141	14,441	15,646	16,687
	한국(통영)	9,954	–	15,375	–
	중국(광동)	10,645	13,020	14,297	17,109
	싱가포르	11,955	11,569	12,972	16,878
	인도	14,529	9,633	12,079	–
남미	칠레	4,098	–	–	8,965

〈보기〉

㉠미국 멕시코만–파나마 운하–아시아로 LNG를 운송할 경우, 수송거리 단축에 따라 수송시간도 단축될 것으로 보인다. 특히, 전 세계 LNG 수입 시장의 75%를 차지하는 중국, 한국, 일본, 대만 등 아시아 시장으로의 수송 시간 단축은 자명하다. 예를 들어, ㉡미국 멕시코만–파나마–일본으로 LNG 수송 시간은 대략 20일 정도 소요되는 반면, 수에즈 운하 통과 시 약 31일 소요되고, 아프리카의 남쪽 이용 시 약 34일 정도 소요된다. 같은 아시아 시장이라고 할지라도 인도, 파키스탄의 경우는 수에즈 운하나 남아프리카 희망봉을 통과하는 것이 수송시간 단축에 유리하며, ㉢싱가포르의 경우는 수에즈 운하나 희망봉을 경유하는 것이 파나마 운하를 이용하는 것보다 적은 수송시간이 소요된다. 또한, 미국 멕시코만–남미 수송시간도 단축될 것으로 예상되는데, 콜롬비아 및 에콰도르의 터미널까지는 20일이 단축이 되어 기존 25일에서 5일이 걸리고, ㉣칠레의 기화 터미널까지는 기존 20일에서 8~9일로 약 12일이 단축이 된다. 파나마 운하를 통과함으로써 수송거리 단축에 따른 수송비용 절감효과도 있다. 3.5bcf LNG 수송선을 기준으로 파나마운하관리청(Panama Canal Authrity)의 신규 통행료를 적용하여 왕복 통행료를 추정하면 대략 $0.2/MMBtu이다. 이를 적용하여 미국 멕시코만–파나마–아시아시장으로의 LNG 왕복 수송비용을 계산하면 파나마 운하 대신 수에즈 운하나 케이프 혼을 통과하는 경로에 비해서 대략 9~12%의 비용절감이 예상된다. 한편, IHS 자료를 바탕으로 비용 절감효과를 계산해 보면, 파나마 운하 이용 시 미국 멕시코만–수에즈–아시아 경로보다 대략 $0.3/MMBtu~$0.8/MMBtu 정도 비용이 절감되고, 희망봉 통과 경로보다 약 $0.2/MMBtu~$0.7/MMBtu 정도 절약되는 것으로 분석된다.

① ㉠

② ㉡

③ ㉢

④ ㉣

14 다음에 제시된 인사제도 중, 인력 배치의 원칙인 '적재적소 주의', '능력주의', '균형주의'가 나타나 있는 항목을 순서대로 적절히 연결한 것은 보기 중 어느 것인가?

채용	• 학력 및 연령제한 철폐 .... (가)
	• 공개경쟁 원칙
보직	• 순환보직을 원칙으로 탄력적인 인력 배치 .... (나)
	• 사내공모를 통한 해외근무자 선발 .... (다)
	• 인사상담등록시스템에 의한 투명한 인사
승진	• 능력과 성과에 따른 승진관리
	• 승진 심사 및 시험에 의한 승진자 결정
평가	• 역량평가 및 업적평가 .... (라)
	• 상사 · 부하 · 동료 · 본인에 의한 다면평가시스템 운영 .... (마)

① (가), (나), (라) 　　　② (라), (나), (다)

③ (나), (가), (라) 　　　④ (마), (라), (나)

❚15~16❚ 다음은 특정 시점 A국의 B국에 대한 주요 품목의 수출입 내역을 나타낸 것이다. 이를 보고 물음에 답하시오.

(단위 : 천 달러)

수출		수입		합계	
품목	금액	품목	금액	품목	금액
섬유류	352,165	섬유류	475,894	섬유류	828,059
전자전기	241,677	전자전기	453,907	전자전기	695,584
잡제품	187,132	생활용품	110,620	생활용품	198,974
생활용품	88,354	기계류	82,626	잡제품	188,254
기계류	84,008	화학공업	38,873	기계류	166,634
화학공업	65,880	플라스틱/고무	26,957	화학공업	104,753
광산물	39,456	철강금속	9,966	플라스틱/고무	51,038
농림수산물	31,803	농림수산물	6,260	광산물	39,975
플라스틱/고무	24,081	잡제품	1,122	농림수산물	38,063
철강금속	21,818	광산물	519	철강금속	31,784

15 다음 중 위의 도표에서 알 수 있는 A국↔B국 간의 주요 품목 수출입 내용이 아닌 것은 어느 것인가? (언급되지 않은 품목은 고려하지 않는다)

① A국은 B국과의 교역에서 수출보다 수입을 더 많이 한다.

② B국은 1차 산업의 생산 또는 수출 기반이 A국에 비해 열악하다고 볼 수 있다.

③ 양국의 상호 수출입 액 차이가 가장 적은 품목은 기계류이다.

④ A국의 입장에서, 총 교역액에서 수출액이 차지하는 비중이 가장 큰 품목은 광산물이다.

16 A국에서 무역수지가 가장 큰 품목의 무역수지 액은 얼마인가? (무역수지 = 수출액 − 수입액)

① 27,007천 달러　　　　　　② 38,937천 달러

③ 186,010천 달러　　　　　　④ 25,543천 달러

17 다음은 총무팀 오 과장이 팀장으로부터 지시받은 이번 주 업무 내역이다. 팀장은 오 과장에게 가급적 급한 일보다 중요한 일을 먼저 처리해 줄 것을 당부하며 아래의 일들에 대한 시간 분배를 잘 해 줄 것을 지시하였는데, 팀장의 지시사항을 참고로 오 과장이 처리해야 할 업무를 순서대로 알맞게 나열한 것은 어느 것인가?

I 긴급하면서 중요한 일	II 긴급하지 않지만 중요한 일
- 부서 손익실적 정리(A) - 개인정보 유출 방지책 마련(B) - 다음 주 부서 야유회 계획 수립(C)	- 월별 총무용품 사용현황 정리(D) - 부산 출장계획서 작성(E) - 내방 고객 명단 작성(F)
III 긴급하지만 중요하지 않은 일	IV 긴급하지 않고 중요하지 않은 일
- 민원 자료 취합 정리(G) - 영업부 파티션 교체 작업 지원(H) - 출입증 교체 인원 파악(I)	- 신입사원 신규 출입증 배부(J) - 프린터기 수리 업체 수배(K) - 정수기 업체 배상 청구 자료 정리(L)

① (D) – (A) – (G) – (K) ② (B) – (E) – (J) – (H)

③ (A) – (G) – (E) – (K) ④ (B) – (F) – (G) – (L)

18 아래는 甲회사가 이번 달 자재를 발주하려는 계획과 단가 정보이다. 각 자재는 담당 팀의 요청 수량만큼 구매해야 하며, 총 예산은 1,500,000원으로 제한된다. 다음 표를 바탕으로 예산 내에서 가능한 최대 자재 수량 조합을 선택하시오. (※ 일부 품목은 예산 초과 시 제외 가능, 단 최소 2종 이상 발주 필요)

자재	단가(1개)	요청 수량	비고
A	45,000	10개	필수
B	65,000	8개	선택 가능
C	30,000	12개	선택 가능
D	50,000	5개	품질 이슈로 지양

① A + B ② A + C

③ A + B + C ④ A + D

⑤ A + B + D

19 신제품 출시를 앞두고, 마케팅팀 소속 직원들이 각자 연차를 사용해야 하지만 브리핑 일정이 겹치지 않도록 조율해야 한다. 귀하(차장)는 마지막으로 연차를 사용하게 되었으며, 다음 조건을 모두 충족해야 할 경우, 연차를 쓸 수 있는 날짜 조합의 수는?

월	화	수	목	금
	7/1	7/2	7/3	7/4
	A사원	A사원 B대리	B대리	
7/7	7/8	7/9	7/10	7/11
C사원	C사원 D부장	D부장	C사원	C사원
7/14	7/15	7/16	7/17	7/18
B대리 D부장	B대리 D부장	A사원	A사원	

※ 브리핑 일정 : 7/18

〈규칙〉

- 연차는 반드시 4일 모두 사용해야 하며, 연속 4일 또는 2일+2일 분할 방식만 가능하다.
- 같은 직급끼리는 같은 날 연차를 사용할 수 없다.
- 하루에 3명 이상이 동시에 연차를 사용할 수 없다.
- 차장 이상은 금요일에 연차를 사용할 수 없다.
- 연차는 반드시 2025년 7월 1일(화)부터 7월 20일(일) 사이, 주말을 제외한 평일 중 사용해야 한다.

① 1가지
② 2가지
③ 3가지
④ 4가지
⑤ 5가지

20 ○○기업은 승진 시험에 필요한 구매 희망 교재를 팀마다 지원하려고 한다. 단, 조건에 해당되는 교재는 반드시 회사 승인 후 지원 받을 수 있다. 甲팀의 구매 희망 목록이 다음과 같을 때 구매할 수 있는 교재 중 승인이 필요한 교재 종류는 몇 개인가?

〈甲팀의 구매 희망 목록〉

교재명	수량	가격(권당)	구매 가능 여부
시사용어사전 1200	6	18,000	가능
경제용어사전 1030	5	18,000	가능
빈출 일반상식	7	23,000	가능
금융상식 2주 만에 완성하기	4	21,000	일시품절 (5일 후 입고예정)
영어면접 전면돌파	5	13,000	품절
한국사능력검정시험 30일 벼락치기	3	18,000	가능
상공회의소 한자 중급 기초+모의고사 Set [전 2권]	1	32,000	일시품절 (3일 후 입고 예정)
한자능력검정시험 7·8급	2	29,000	가능
파워특강 영어	2	27,000	품절
도시락 한국사 심화과정	3	25,000	가능
필통 한국사 실전모의고사	4	19,000	품절

〈조건〉

- 권당 가격이 3만 원이 넘는 경우
- 희망 교재 수량이 5권이 넘는 경우
- Set 교재 구매인 경우

※ 1) 위 조건 중 하나라도 해당될 경우 반드시 승인이 필요합니다.

　2) 품절 교재는 구매가 불가능하며 일시품절인 상품은 입고 후 구매가 가능합니다.

① 1개

② 2개

③ 3개

④ 4개

⑤ 5개

1 다음은 어느 회사의 사원 입사월일을 정리한 자료이다. 아래 워크시트에서 [C4] 셀에 수식 '=EOMONTH(C3,1)'를 입력하였을 때 결과 값은? (단, [C4] 셀에 설정되어 있는 표시형식은 '날짜'이다)

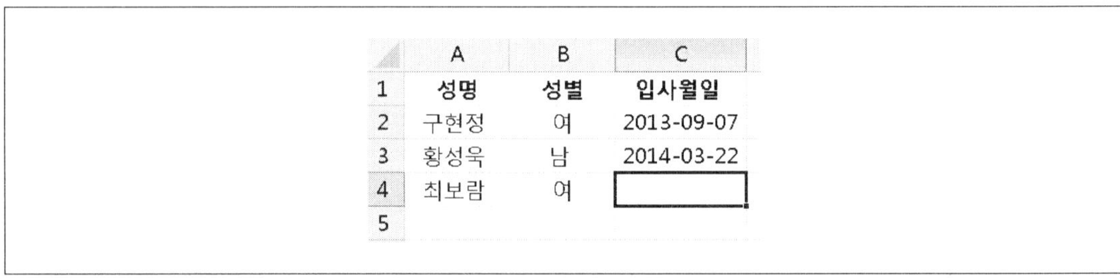

	A	B	C
1	성명	성별	입사월일
2	구현정	여	2013-09-07
3	황성욱	남	2014-03-22
4	최보람	여	
5			

① 2014-04-30   ② 2014-03-31

③ 2014-02-28   ④ 2013-09-31

⑤ 2013-08-31

2 다음 그림에서 A6 셀에 수식 '=$A$1+$A2'를 입력한 후 다시 A6 셀을 복사하여 C6과 C8에 각각 붙여넣기를 하였을 경우, (A)와 (B)에 나타나게 되는 숫자의 합은 얼마인가?

	A	B	C
1	7	2	8
2	3	3	8
3	1	5	7
4	2	5	2
5			
6			(A)
7			
8			(B)

① 10   ② 12

③ 14   ④ 16

⑤ 19

3 다음 워크시트에서 수식 '=POWER(A3, A2)'의 결과 값은 얼마인가?

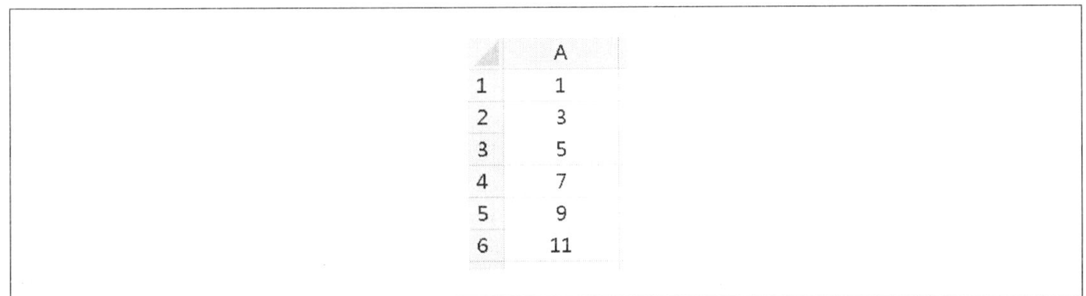

① 5
② 81
③ 49
④ 125
⑤ 256

4 다음 중 엑셀(Excel) 단축키 중 'Ctrl+Shift+L'의 설명으로 옳은 것은?

① 현재 시간 입력
② 자동 필터 켜기/끄기
③ 자동 합계 넣기
④ 셀 안에서 줄 바꾸기
⑤ 셀 삽입하면서 기존 내용 밀기

〈예시〉

2025년 12월에 중국 '2 Stars' 사에서 생산된 아웃도어 신발의 15번째 입고 제품
→ 2512 − 1B − 04011 − 00015

생산 연월	공급처				입고 분류				입고품 수량
	원산지 코드		제조사 코드		용품 코드		제품별 코드		
2025년 9월 − 2509 2024년 11월 − 2411	1	중국	A	All-8	01	캐주얼	001	청바지	00001부터 다섯 자리 시리얼 넘버가 부여됨
			B	2 Stars			002	셔츠	
			C	Facai	02	여성	003	원피스	
	2	베트남	D	Nuyen			004	바지	
			E	N-sky			005	니트	
	3	멕시코	F	Bratos			006	블라우스	
			G	Fama	03	남성	007	점퍼	
	4	한국	H	혁진사			008	카디건	
			I	K상사			009	모자	
			J	영스타	04	아웃 도어	010	용품	
	5	일본	K	왈러스			011	신발	
			L	토까이			012	래쉬가드	
			M	히스모	05	베이비	013	내복	
	6	호주	N	오즈본			014	바지	
			O	Island					
	7	독일	P	Kunhe					
			Q	Boyer					

5 2011년 10월에 생산된 '왈러스' 사의 여성용 블라우스로 10,215번째 입고된 제품의 코드로 알맞은 것은 무엇인가?

① 1010 − 5K − 02006 − 00215

② 1110 − 5K − 02060 − 10215

③ 1110 − 5K − 02006 − 10215

④ 1110 − 5L − 02005 − 10215

⑤ 2011 − 5K − 02006 − 01021

6 제품 코드 0810 – 3G – 04011 – 00910에 대한 설명으로 옳지 않은 것은 무엇인가?

① 해당 제품의 입고 수량은 적어도 910개 이상이다.

② 중남미에서 생산된 제품이다.

③ 여름에 생산된 제품이다.

④ 캐주얼 제품이 아니다.

⑤ 아웃도어용 비의류 제품이다.

7 다음은 Window 보조프로그램인 그림판과 메모장에 대한 기능을 설명하는 표이다. 다음 표의 밑줄 친 부분의 설명 중 옳지 않은 것은?

그림판	메모장
• 그림판은 간단한 그림을 그리거나 편집하기 위해 사용하는 프로그램이다.	• 간단한 문서 또는 웹 페이지를 만들 때 사용할 수 있는 기본 텍스트 편집기이다.
• 그림판으로 작성된 파일의 형식은 ㉠PNG, JPG, BMP, GIF 등으로 저장할 수 있다.	• 메모장으로 작성된 파일을 ㉡ANSI, 유니코드, UTF-8 등의 인코딩 형식으로 저장할 수 있다.
• 원 또는 직사각형을 표현할 수 있으며, ㉢정원이나 정사각 형태의 도형 그리기는 지원되지 않는다.	• 자동 중 바꿈, 찾기, 시간/날짜 삽입 등의 기능을 제공한다.
• 그림판에서 그림을 그린 다음 다른 문서에 붙여 넣거나 바탕 화면 배경으로 사용할 수 있다.	• 문서 전체에 대하여 글꼴 서식(글꼴 종류, 크기, 속성 등)을 지정할 수 있다. 문서 일부분에 별도 지정은 불가능하다.
• '색 채우기' 도구는 연필이나 브러시, 도형 등으로 그린 그림에 채우기가 가능하다. 단, 선택한 영역에 대해서는 불가능하다.	• ㉤특정 문자나 단어를 찾아서 바꾸기를 할 수 있다.
• ㉣그림의 크기와 대칭, 회전 등의 작업이 가능하다.	• 텍스트를 잘라내기, 복사하기, 붙여넣기 또는 삭제를 할 수 있다.
	• 메모장에서는 그림이나 차트 등과 같은 OLE 개체 삽입이 불가능하다.

① ㉠

② ㉡

③ ㉢

④ ㉣

⑤ ㉤

8 다음은 H회사의 승진후보들의 1차 고과 점수 및 승진시험 점수이다. "생산부 사원"의 승진시험 점수의 평균을 알기 위해 사용해야 하는 함수는 무엇인가?

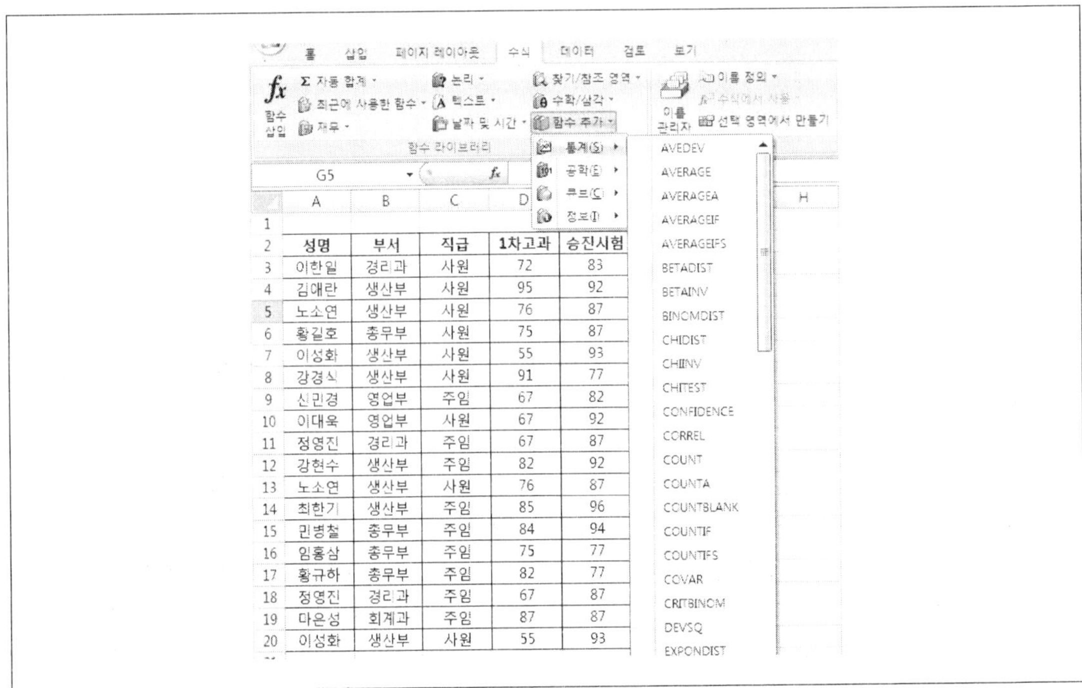

① AVERAGE

② AVERAGEA

③ AVERAGEIF

④ AVERAGEIFS

⑤ COUNTIF

9 다음의 알고리즘에서 인쇄되는 S는?

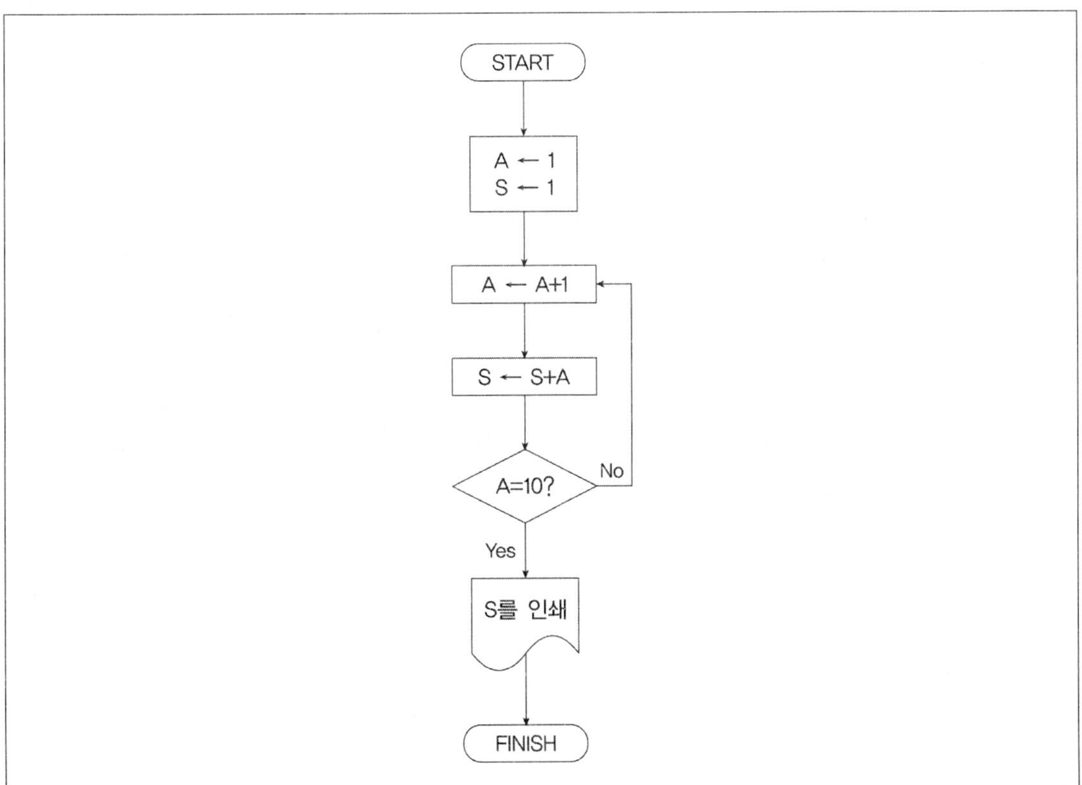

① 36

② 45

③ 55

④ 66

⑤ 77

SE−11−KOR−3A−1512	CH−08−CHA−2C−1308	SE−07−KOR−2C−1503
CO−14−IND−2A−1511	JE−28−KOR−1C−1508	TE−11−IND−2A−1411
CH−19−IND−1C−1301	SE−01−KOR−3B−1411	CH−26−KOR−1C−1307
NA−17−PHI−2B−1405	AI−12−PHI−1A−1502	NA−16−IND−1B−1311
JE−24−PHI−2C−1401	TE−02−PHI−2C−1503	SE−08−KOR−2B−1507
CO−14−PHI−3C−1508	CO−31−PHI−1A−1501	AI−22−IND−2A−1503
TE−17−CHA−1B−1501	JE−17−KOR−1C−1506	JE−18−IND−1C−1504
NA−05−CHA−3A−1411	SE−18−KOR−1A−1503	CO−20−KOR−1C−1502
AI−07−KOR−2A−1501	TE−12−IND−1A−1511	AI−19−IND−1A−1503
SE−17−KOR−1B−1502	CO−09−CHA−3C−1504	CH−28−KOR−1C−1308
TE−18−IND−1C−1510	JE−19−PHI−2B−1407	SE−16−KOR−2C−1505
CO−19−CHA−3A−1509	NA−06−KOR−2A−1401	AI−10−KOR−1A−1509

〈코드 부여 방식〉

[제품 종류]−[모델 번호]−[생산 국가]−[공장과 라인]−[제조연월]

〈예시〉

TE−13−CHA−2C−2501

2025년 1월에 중국 2공장 C라인에서 생산된 텔레비전 13번 모델

제품 종류 코드	제품 종류	생산 국가 코드	생산 국가
SE	세탁기	CHA	중국
TE	텔레비전	KOR	한국
CO	컴퓨터	IND	인도네시아
NA	냉장고	PHI	필리핀
AI	에어컨		
JE	전자레인지		
GA	가습기		
CH	청소기		

10 위의 코드 부여 방식을 참고할 때 옳지 않은 내용은?

① 창고에 있는 기기 중 세탁기는 모두 한국에서 제조된 것들이다.
② 창고에 있는 기기 중 컴퓨터는 모두 2015년에 제조된 것들이다.
③ 창고에 있는 기기 중 청소기는 있지만 가습기는 없다.
④ 창고에 있는 기기 중 2013년에 제조된 것은 청소기 뿐이다.
⑤ 창고에 텔레비전은 5대가 있다.

11 J회사에 다니는 Y 씨는 가전제품 코드 목록을 파일로 불러와 검색을 하고자 한다. 검색의 결과로 옳지 않은 것은?

① 창고에 있는 세탁기가 몇 개인지 알기 위해 'SE'를 검색한 결과 7개임을 알았다.
② 창고에 있는 기기 중 인도네시아에서 제조된 제품이 몇 개인지 알기 위해 'IND'를 검색한 결과 10개임을 알았다.
③ 모델 번호가 19번인 제품을 알기 위해 '19'를 검색한 결과 4개임을 알았다.
④ 1공장 A라인에서 제조된 제품을 알기 위해 '1A'를 검색한 결과 6개임을 알았다.
⑤ 2015년 1월에 제조된 제품을 알기 위해 '1501'를 검색한 결과 3개임을 알았다.

12 2024년 4월에 한국 1공장 A라인에서 생산된 에어컨 12번 모델의 코드로 옳은 것은?

① AI − 12 − KOR − 2A − 2404
② AI − 12 − KOR − 1A −2404
③ AI − 11 − PHI − 1A − 2404
④ CH − 12 − KOR − 1A − 2404
⑤ CH − 11 − KOR − 3A − 2405

13 T회사에서 근무하고 있는 N 씨는 엑셀을 이용하여 작업을 하고자 한다. 엑셀에서 바로 가기 키에 대한 설명이 다음과 같을 때 괄호 안에 들어갈 내용으로 알맞은 것은?

> 통합 문서 내에서 (㉠) 키는 다음 워크시트로 이동하고 (㉡) 키는 이전 워크시트로 이동한다.

	㉠	㉡
①	〈Ctrl〉+〈Page Down〉	〈Ctrl〉+〈Page Up〉
②	〈Shift〉+〈Page Down〉	〈Shift〉+〈Page Up〉
③	〈Tab〉+←	〈Tab〉+→
④	〈Alt〉+〈Shift〉+↑	〈Alt〉+〈Shift〉+↓
⑤	〈Ctrl〉+〈Shift〉+〈Page Down〉	〈Ctrl〉+〈Shift〉+〈Page Up〉

14 다음과 같은 자료를 참고할 때, F3 셀에 들어갈 수식으로 알맞은 것은?

	A	B	C	D	E	F
1	이름	소속	수당(원)		구분	인원 수
2	김xx	C팀	160,000		총 인원	12
3	이xx	A팀	200,000		평균 미만	6
4	홍xx	D팀	175,000		평균 이상	6
5	남xx	B팀	155,000			
6	서xx	D팀	170,000			
7	조xx	B팀	195,000			
8	염xx	A팀	190,000			
9	권xx	B팀	145,000			
10	신xx	C팀	200,000			
11	강xx	D팀	190,000			
12	노xx	A팀	160,000			
13	방xx	D팀	220,000			

① =COUNTIF(C2:C13,"〈"&AVERAGE(C2:C13))

② =COUNT(C2:C13,"〈"&AVERAGE(C2:C13))

③ =COUNTIF(C2:C13,"〈", "&" AVERAGE(C2:C13))

④ =COUNT(C2:C13,"〉"&AVERAGE(C2:C13))

⑤ =COUNTIF(C2:C13,"〉"AVERAGE&(C2:C13))

15 다음 워크시트에서 [A2] 셀 값을 소수점 첫째 자리에서 반올림하여 [B2] 셀에 나타내도록 하고자 한다. [B2] 셀에 알맞은 함수식은?

	A	B
1	숫자	반올림한 값
2	987.9	
3	247.6	
4	864.4	
5	69.3	
6	149.5	
7	75.9	

① ROUND(A2, −1)

② ROUND(A2, 0)

③ ROUNDDOWN(A2, 0)

④ ROUNDUP(A2, −1)

⑤ ROUND(A3, 0)

16 다음 시트처럼 한 셀에 두 줄 이상 입력하려는 경우 줄을 바꿀 때 사용하는 키는?

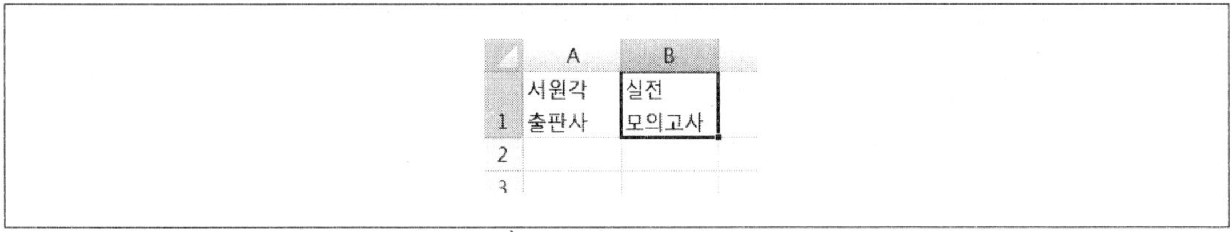

① ⟨Shift⟩ + ⟨Ctrl⟩ + ⟨Enter⟩

② ⟨Alt⟩ + ⟨Enter⟩

③ ⟨Alt⟩ + ⟨Shift⟩ + ⟨Enter⟩

④ ⟨Shift⟩ + ⟨Enter⟩

⑤ ⟨Ctrl⟩ + ⟨Enter⟩

선택정렬(Selection sort)는 주어진 데이터 중 최솟값을 찾고 최솟값을 정렬되지 않은 데이터 중 맨 앞에 위치한 값과 교환한다. 교환은 두 개의 숫자가 서로 자리를 맞바꾸는 것을 말한다. 정렬된 데이터를 제외한 나머지 데이터를 같은 방법으로 교환하여 반복하면 정렬이 완료된다.

〈예시〉

68, 11, 3, 82, 7을 정렬하려고 한다.

• 1회전 (최솟값 3을 찾아 맨 앞에 위치한 68과 교환)

68	11	3	82	7

3	11	68	82	7

• 2회전 (정렬이 된 3을 제외한 데이터 중 최솟값 7을 찾아 11과 교환)

3	11	68	82	7

3	7	68	82	11

• 3회전 (정렬이 된 3, 7을 제외한 데이터 중 최솟값 11을 찾아 68과 교환)

3	7	68	82	11

3	7	11	82	68

• 4회전 (정렬이 된 3, 7, 11을 제외한 데이터 중 최솟값 68을 찾아 82와 교환)

3	7	11	82	68

3	7	11	68	82

17 다음 수를 선택정렬을 이용하여 오름차순으로 정렬하려고 한다. 2회전의 결과는?

5, 3, 8, 1, 2

① 1, 2, 8, 5, 3
② 1, 2, 5, 3, 8
③ 1, 2, 3, 5, 8
④ 1, 2, 3, 8, 5
⑤ 1, 2, 8, 3, 5

18 다음 수를 선택정렬을 이용하여 오름차순으로 정렬하려고 한다. 3회전의 결과는?

55, 11, 66, 77, 22

① 11, 22, 66, 55, 77
② 11, 55, 66, 77, 22
③ 11, 22, 66, 77, 55
④ 11, 22, 55, 77, 66
⑤ 11, 22, 55, 66, 77

19 다음 데이터베이스의 구성요소에 대한 설명을 참고하여 〈표〉의 튜플 수를 구하시오.

〈표〉 헬스 등록 회원 정보

등록 번호	성명	성별	나이	기간
16796	김지영	여성	30세	3개월
17460	권혜현	여성	32세	6개월
20013	한영길	남성	32세	3개월
18234	김규호	남성	33세	12개월

- 튜플 : 릴레이션의 각 행
- 애트리뷰트(속성) : 릴레이션에서 이름을 가진 열
- 도메인 : 애트리뷰트가 가질 수 있는 값의 집합
- 차수 : 애트리뷰트의 수

① 5

② 4

③ 3

④ 2

⑤ 1

20 아래 그림을 참고할 때, 할인율을 변경하여 '판매가격'의 목표값을 150,000으로 변경하려고 한다면 [목표값 찾기] 대화 상자의 '수식 셀'에 입력할 값으로 적절한 것은?

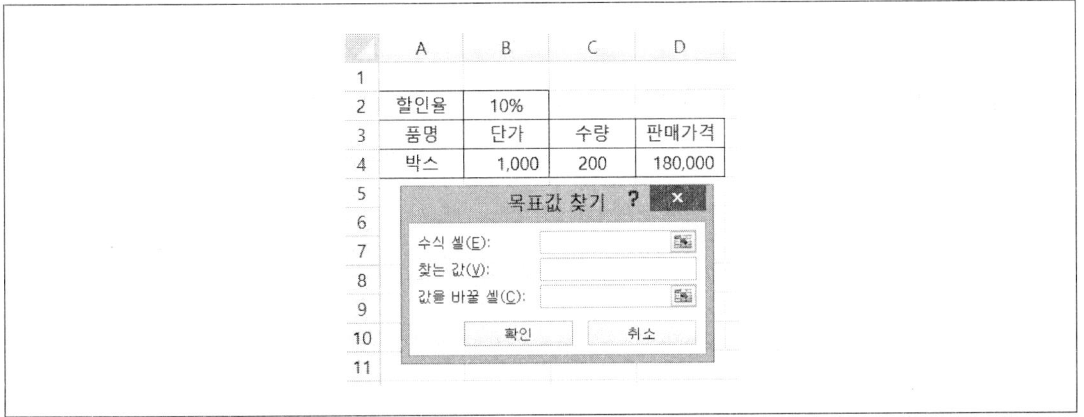

① B4

② C4

③ B2

④ B2*C2

⑤ D4

05 직업윤리

1 개인 윤리와 직업윤리의 조화에 대한 설명으로 옳지 않은 것은?

① 업무상 개인의 판단과 행동이 사회적 영향력이 큰 기업 시스템을 통하여 다수의 이해 관계자와 관련된다.

② 수많은 사람이 관련되어 고도화된 공동의 협력을 요구하므로 맡은 역할에 대한 책임 완수가 필요하다.

③ 직장이라는 집단적 인간관계에서도 가족관계, 개인적 선호에 의한 친분 관계와 유사한 측면의 배려가 필요하다.

④ 개인윤리의 기본 덕목인 사랑, 자비 등과 방법론상의 이념인 공동발전의 추구, 장기적 상호이익 등의 기본은 동일하다.

⑤ 개인윤리는 양심과 인격을 기반으로 하지만, 직업윤리는 조직의 목적 달성을 위해 개인의 가치보다 집단의 이익을 우선해야 한다.

2 직업윤리의 측면에 있어서 "SERVICE"란 단어 속에 숨겨진 7가지 의미를 제대로 파악하지 못하고 있는 사람은?

① 甲 : 'S'는 'Smile'과 'Speed'의 두 가지 의미를 함께 가지고 있습니다. 미소와 함께 빠른 처리가 서비스의 생명이라고 생각합니다.

② 乙 : 서비스란 단어에 'E'는 두 번 들어가는데 'Emotion'과 'Excellence'로 감동적인 서비스를 고객에게 탁월하게 제공되어져야 한다는 의미입니다.

③ 丙 : 'R'은 'Respect'로, 고객을 존중하는 것이야 말로 좋은 서비스의 기본이라고 할 수 있습니다.

④ 丁 : 서비스에서 'I'는 'Image'를 말합니다. 좋은 서비스는 고객에게 좋은 이미지를 심어줄 수 있습니다.

⑤ 戊 : 'C'는 'Control'로, 고객을 통제하고 지시하여 효율적인 서비스를 제공해야 함을 뜻합니다.

3 다음 사례에 해당하는 비윤리적 행위의 유형은?

> • 甲은 제품을 설계할 때 안전상의 고려를 충분히 하지 않아 소비자의 안전사고를 유발시켰다.
> • 乙은 작업 중에 안전수칙을 철저히 지키지 않아 사고를 유발하였다.

① 거짓말　　　　　　　　　　② 도덕적 태만
③ 무절제　　　　　　　　　　④ 무관심
⑤ 책임 회피

4 다음 사례에서 甲이 중요시하는 직업윤리의 기본원칙은 무엇인가?

> 　사내에서 '대쪽'이라는 별명으로 통하는 甲은 업무를 처리함에 있어 공공성을 바탕으로 공사구분을 명확히 하고, 모든 것을 숨김없이 투명하게 처리한다.

① 객관성의 원칙
② 고객중심의 원칙
③ 전문성의 원칙
④ 정직과 신용의 원칙
⑤ 공정경쟁의 원칙

5 다음에서 설명하고 있는 개념으로 적절한 것은?

> 　이것은 일정한 생활문화권에서 오랜 생활습관을 통해 하나의 공통된 생활방법으로 정립되어 관습적으로 행해지는 사회계약적 생활규범으로, 언어문화권에 따라 다르고 같은 언어문화권이라도 지방에 따라 다를 수 있다.

① 준법　　　　　　　　　　　② 책임
③ 문화　　　　　　　　　　　④ 예절
⑤ 관습

6 다음 두 가지 근면의 사례를 구분하는 가장 중요한 요소로 적절한 것은?

> 1) 연일 계속되는 야근과 휴일 근무로 인해 육체의 수고와 정신적 스트레스는 물론 가정의 화목까지 위협받지만 온 힘을 다하여 새벽부터 출근길에 오르는 수많은 직장인들
> 2) 부유한 집안에서 태어나 젊은 나이에도 학업과 직장 생활을 뒤로 하고 방탕한 생활을 하다가, 40대 후반이 되어서야 만학의 꿈을 갖고 스스로 불철주야 도서관에서 학문에 정진하는 중년

① 근면의 방법   ② 보수의 유무
③ 근면의 동기   ④ 근면의 사회성
⑤ 근면의 결과

7 다음과 같은 직업윤리의 덕목을 참고할 때, 빈칸에 공통으로 들어갈 알맞은 말은 무엇인가?

> 사회시스템은 구성원 서로가 신뢰하는 가운데 운영이 가능한 것이며, 그 신뢰를 형성하고 유지하는 데 필요한 가장 기본적이고 필수적인 규범이 바로 ( )인 것이다. 그러나 우리 사회의 ( )은(는) 아직까지 완벽하지 못하다. 거센 역사의 소용돌이 속에서 여러 가지 부당한 핍박을 받은 경험이 있어서 그럴 수도 있지만, 원칙보다는 집단 내의 정과 의리를 소중히 하는 문화적 정서도 그 원인이라 할 수 있다

① 성실   ② 정직
③ 인내   ④ 희생
⑤ 신뢰

8 A는 이번에 새로 입사한 회사에서 회식을 하게 되어 팀 동료들과 식사를 할 만한 곳을 알아보고 있다. 그러나 사회초년생인 A는 회사 회식을 거의 해 본 경험이 없었고, 회사 밖의 많은 선택 가능한 대안 (회식장소) 중에서도 상황상 주위의 가까운 팀 내 선배들이 강력하게 추천하는 곳을 선택하기로 했는데, 이는 소비자 구매의사결정 과정에서 대안의 평가에 속하는 한 부분으로써 어디에 해당한다고 볼 수 있는가?

① 분리식   ② 결합식
③ 사전편집식   ④ 휴리스틱 기법
⑤ 보상적 판단

9 다음 글의 빈칸에 공통으로 들어갈 윤리 덕목으로 적절한 것은?

> (   )이란 사전적인 의미로는 새로운 기업을 만들어 경제활동을 하는 사람들이 지니고 있는 것이라고 말할 수 있다. 즉, 경제적인 이윤을 얻기 위해 위험을 무릅쓰고 창업을 하는 사람들이 지니고 있는 가치 지향이나 태도인 것이다.
>
> 오스트리아 출신 미국 경제학자 조셉 슘페터는 새로운 가치를 창출하여 사회와 경제에 기여하려는 사람들로 정의하고, 이들이 지니고 있는 혁신적 사고와 태도를 (   )이라고 정의하였다. 그리고 그는 이것이 건강한 자본주의 경제의 핵심이라고 보았다. 경쟁적 시장경제에서는 진입 장벽이 낮아서 개인이 혁신적인 사고만 가지고도 새로운 기회를 만들어서 기업으로 발전시킨 사례가 많이 나타난다. 이러한 혁신적 사고와 도전 정신 속에서 경제는 활력이 넘치고, 시민들은 그 활력에 따른 성장의 혜택을 누리게 된다.

① 창의성   ② 지속 가능성
③ 창업 의지   ④ 기업가 정신
⑤ 진취성

10 다음 빈칸에 들어갈 용어로 옳은 것은?

> • 1980년대 이후 소득수준과 생활수준이 급격히 향상되면서 근로자들이 일하기를 꺼리는 업종을 지칭하는 신조어를 말한다.
> • 더러움을 의미하는 dirty, 힘듦을 의미하는 difficult, _____을 의미하는 dangerous의 앞 글자를 따 만들었다.
> • 본래는 제조업, 광업, 건축업 등 더럽고 어려우며 위험한 분야의 산업을 일컬었으나 최근에는 주로 젊은층을 위주로 한 노동 인력의 취업 경향을 설명하는 데 사용된다.

① 위험함   ② 연관성
③ 어두움   ④ 이질감
⑤ 우울함

11 다음에서 알 수 있는 슈펭글러의 사례가 우리 사회에 발생하지 않도록 하기 위한 적절한 제도적 장치로 거리가 먼 것은?

> 2000년대 초, 독일 카셀의 폭스바겐 공장에서 근무하던 슈펭글러는 믿을 수 없는 장면을 목격했다. 폭스바겐 내에서 공금 유용과 비용 부풀리기를 이용한 착복 등이 일어나고 있었던 것이다. 슈펭글러가 확인한 바에 따르면 이는 일부 몇몇 직원의 일탈이 아니라 노조까지 연루된 부패 사건이었다. 그는 이 사실을 직속 상사와 감사담당관, 경영진에게 알렸으나, 몇 해가 지나도록 그들은 묵묵부답이었다.
>
> 2003년, 회사에 알리는 것만으로는 이를 해결할 수 없다는 걸 깨달은 슈펭글러는 주주들과 감독이사회에 편지를 보내기에 이른다. 하지만 며칠 뒤 그가 받은 답변은 슈펭글러 자신의 해고 통지였다. 부정행위로 회사의 공금이 새고 있음을 고발한 대가는 가혹했다. 슈펭글러는 긴 시간 동안 법정 투쟁 속에 힘든 싸움을 이어가야 했으며, 수년 후에야 검찰 수사를 통해 슈펭글러가 고발한 사내 부패문제가 밝혀졌다.

① 직원의 신원은 확실히 보호되고 모든 제보가 진지하게 다루어지며 제기된 문제는 적절하게 조사된다는 내용이 명확하게 명시된 정책을 운영해야 한다.

② 개인의 불평불만과도 관련될 수 있으므로 인사부 직원을 중심으로 한 '고충신고라인' 등의 제도와 연계시키는 정책을 추진하여야 한다.

③ 고발 행위는 자발적인 행동이 아니라 의무가 돼야 하고 이 의무는 정책에서 분명하게 설명되어야 한다.

④ 직속상관에 추가하여 조직원이 신뢰할 만한 윤리경영 담당자 또는 내부감사 책임자(조직 대표나 CEO 포함)에게 직접 제보할 수 있는 시스템이 갖춰져야 한다.

⑤ 익명 제보를 금지하고, 모든 고발자는 실명으로만 신고하도록 하는 제도를 강화해야 한다.

12 다음 글에서 엿볼 수 있는 우리나라 기업 문화의 비윤리적인 악습을 지칭하는 말로 적절한 것은?

> 근대 이전으로 거슬러 올라갈수록 사회적 강자의 약자에 대한 지배는 인신 예속적 양상을 보인다. 봉건적 신분 제도가 가진 중요한 특징은 개인이 사회에서 차지하는 직분이 단순한 기능적 차원을 넘어 인신 예속적 성격을 띤다는 점이다. 예를 들어 지주와 소작농의 관계는 토지 임대인-임차인의 관계를 넘어 주인-머슴의 관계와 동일시되었다. 따라서 지주는 토지 임대인으로서 가지는 법적 권리를 넘어 주인 또는 상전으로서 무한한 권리를 향유할 수 있었으며, 소작농은 토지 임차인으로서 가지는 법적 의무를 넘어 머슴이나 상놈으로서 무한한 의무를 걸머지지 않으면 안 되었다.

① 차별
② 갑질
③ 빈익빈부익부
④ 상하관계
⑤ 연공서열

13 근면에는 두 가지의 종류가 있다. 하나는 외부로부터 강요당한 근면이고, 다른 하나는 스스로 자진해서 하는 근면이 있다. 다음 중 외부로부터 강요당한 근면에 해당하는 것끼리 짝지어진 것은?

> ㉠ 가난했을 때 논밭이나 작업장에서 열악한 노동 조건 하에서 기계적으로 삶을 유지하기 위해 하는 일
> ㉡ 상사의 명령에 의해 잔업하는 일
> ㉢ 회사 내 진급시험을 위해 외국어를 열심히 공부하는 일
> ㉣ 세일즈맨이 자신의 성과를 높이기 위해서 노력하는 일

① ㉠, ㉡
② ㉠, ㉢
③ ㉡, ㉢
④ ㉢, ㉣
⑤ ㉡, ㉣

14 다음은 공무원이 준수해야 할 직업윤리의 중요성을 설명하는 글이다. 빈칸에 들어갈 가장 적절한 말은 어느 것인가?

> 공무원은 국민 전체에 대한 봉사자로서 공적업무를 수행함에 있어서 공무원 개인의 이해나 관심에 따라 직무수행에 영향을 받아서는 아니 된다. 이러한 공무원들에게는 일반 국민에게 기대되는 것보다 더욱 높은 수준의 도덕성이 요구되고 공무원에게 기대되는 바람직한 행동의 방향과 원칙에 대한 명확한 기준의 제시가 필요하며 이러한 기능을 수행하는 것이 바로 (   )(이)라 할 수 있다.
>
> 우리 사회에서 공무원이 수행하는 역할과 그 영향력은 어느 영역보다도 크고 중요한 것으로 국민들에게 인식되고 있다. 이로 인하여 일반 국민들은 공무원들이 가지고 있는 가치관이나 의사결정, 그리고 행동에 대하여 매우 민감하게 반응한다. 그리고 공무원의 그릇된 행동이 미치는 사회적 영향력 또한 매우 크다는 점에서 공무원의 바람직한 의식과 행동을 담보하기 위한 지침의 제정이 요구되는 것이다.

① 공무원 윤리지침 ② 공무원 행동강령

③ 공무원 청렴평가 ④ 청탁금지법

⑤ 공직자 이해충돌방지법

15 다음 대화의 빈칸에 들어갈 말로 알맞은 것은?

> A : 직업인으로서 지켜야 할 기본 윤리는 무엇인가요?
> B : 직업인이라면 일반적으로 정직과 성실, 신의, 책임, 의무 등의 덕목을 준수해야 합니다.
> A : 선생님께서 말씀하신 덕목은 모든 사람들에게 요구되는 윤리와 부합하는데, 그 이유는 무엇인가요?
> B : ___________________________

> ㉠ 모든 직업인은 직업인이기 전에 인간이기 때문입니다.
> ㉡ 직업은 사회적 역할 분담의 성격을 지니고 있기 때문입니다.
> ㉢ 직장 생활에서 사람들과 관계를 맺어야 하기 때문입니다.
> ㉣ 특수한 윤리가 필요한 직업은 존재하지 않기 때문입니다.

① ㉠, ㉢ ② ㉡, ㉣

③ ㉠, ㉡, ㉢ ④ ㉠, ㉢, ㉣

⑤ ㉠, ㉡, ㉢, ㉣

16 다음은 채용비리와 관련한 실태와 문제점을 제기한 글이다. 다음 글에서 제기된 문제점을 보완할
수 있는 방안으로 적절한 것을 〈보기〉에서 모두 고른 것은?

> 공직 유관단체 채용비리 특별점검 결과 272개 대상 기관 중 200개 기관에서 적발 건이 발생되
> 었다. 적발 건수의 합계는 무려 946건으로 기관 당 평균 5건에 육박하는 수치이다. 그러나 채용
> 비리 연루자 및 부정합격자 등에 대한 제재 근거가 미흡하다는 지적이 제기되고 있다. 공직유관
> 단체 대다수의 기관이 채용비리 연루 직원 업무배제, 면직, 부정합격자 채용취소 등에 관한 내부
> 규정 미비로 인하여 연루 기관장 등 임원에 대한 해임 이외의 다른 제재수단이 없는 것으로 드러
> 났다. 채용비리 연루자 중 수사의뢰(징계요구)된 기관의 임직원에 대해 근거규정이 없어 업무배제
> 가 불가하며, 범죄사실과 징계여부가 확정되기까지는 최소 3개월의 시간이 소요된다는 것 또한
> 문제점을 해소하는 데 걸림돌이 되고 있다.

〈보기〉

㈎ 채용비리 예방을 위해 부정청탁 또는 비리 내용을 홈페이지 등에 공개한다.
㈏ 채용비리로 수사의뢰 되거나 징계 의결 요구된 경우 해당 직원을 즉시 업무 배제할 수 있는
　　근거를 마련한다.
㈐ 채용비리의 징계시효를 연장하는 규정을 마련한다.
㈑ 채용 관리 및 면접 위원 구성의 투명성과 평가 기준의 공정성을 확보한다.

① ㈎, ㈏, ㈐, ㈑　　　　　　　　② ㈏, ㈐, ㈑

③ ㈎, ㈐, ㈑　　　　　　　　④ ㈎, ㈏, ㈑

⑤ ㈎, ㈏, ㈐, ㈑

17 다음 글과 같은 친절한 서비스를 제공하기 위해서 금지해야 할 행위로 적절하지 않은 것은?

> 고객이 서비스 상품을 구매하기 위해서는 입구에 들어올 때부터 나갈 때까지 여러 서비스 요원과 몇 번의 짧은 순간을 경험하게 되는데 그때마다 서비스 요원은 모든 역량을 동원하여 고객을 만족시켜 주어야 하는 것이다. 이를 뒷받침하기 위해서는 고객접점에 있는 서비스 요원들에게 권한을 부여하고 강화된 교육이 필요하며, 고객과 상호작용에 의하여 서비스가 순발력 있게 제공될 수 있는 서비스 전달 시스템을 갖추어야 한다. 고객은 윗사람에게 결재의 여유를 주지 않을 뿐만 아니라 기다리지도 않는다.

① 고객에게 짧은 시간에 결정적이고 좋은 인상을 심어주려는 행위
② 고객을 방치한 채 업무자끼리 대화하는 행위
③ 개인 용무의 전화 통화를 하는 행위
④ 이어폰을 꽂고 음악을 듣는 행위
⑤ 고객의 질문에 즉시 대응하지 않고 나중에 연락하겠다고 미루는 행위

18 개인윤리와 직업윤리에 대한 올바른 설명을 모두 고른 것은?

> ㉠ 직업윤리는 개인윤리에 비해 특수성을 갖고 있다.
> ㉡ 개인윤리가 보통 상황에서의 일반적 윤리규범이라고 한다면, 직업윤리는 좀 더 구체적 상황에서의 실천규범이다.
> ㉢ 모든 사람은 근로자라는 공통점 속에서 모두 같은 직업윤리를 가지게 된다.
> ㉣ 직업윤리는 개인윤리를 바탕으로 성립되는 규범이기 때문에, 항상 개인윤리보다 우위에 있다.

① ㉠, ㉡ 　　　　　　　② ㉠, ㉣
③ ㉡, ㉢ 　　　　　　　④ ㉡, ㉣
⑤ ㉢, ㉣

19 다음 사례를 통해 알 수 있는 직업 정신으로 적절한 것은?

> 작년 여름, 국내 한 지역에서 대규모 교통사고가 발생하여 많은 부상자가 인근 병원으로 이송되었다. 당시 응급실은 인력과 자원이 부족한 상황이었으나, 의료진은 환자의 중증도를 신속히 분류하여 가장 위급한 환자부터 치료하였다. 일부는 휴식 없이 밤새 환자를 돌보았고, 모든 의료진은 자신의 안전을 뒤로한 채 출혈 환자 곁을 지키며 응급처치를 이어갔다. 경증 환자들에게도 차별 없는 진료를 제공하였고, 심리적 충격을 받은 환자 가족들에게 위로와 안내를 아끼지 않았다. 이 과정에서 여러 의료인은 탈진 상태에 이르렀지만 끝까지 자리를 지키며 환자 치료와 구조 활동에 헌신하였다.

① 근면과 성실을 바탕으로 자신의 업무를 수행하며 직업적 보람을 추구해야 한다.

② 사회적 책임을 자각하고 공동체의 건강 증진을 위해 도덕적 의무를 다해야 한다.

③ 봉사정신과 희생정신을 가지고 환자의 생명과 안전을 위해 헌신해야 한다.

④ 직업 활동을 통해 자신의 전문성을 강화하고 직무 표준을 제시해야 한다.

⑤ 직업적 성취와 보상을 중시하며 개인적 만족을 우선시해야 한다.

20 기업은 올바른 행동과 가치 판단의 기준인 기업윤리를 실천하여야 한다. 다음 중 기업윤리에 대한 내용으로 적절하지 않은 것은?

① 기업은 공정한 경쟁 질서를 확립하고, 불공정 거래나 담합 행위를 배제하여야 한다.

② 기업은 이해관계자와의 약속을 성실히 이행하고, 신뢰를 바탕으로 장기적인 협력 관계를 유지하여야 한다.

③ 기업은 단기적인 이윤 극대화를 위해 사회적 책임보다 주주의 이익을 우선시하여야 한다.

④ 기업은 임직원에게 안전하고 쾌적한 근무 환경을 제공하며, 차별 없는 고용 기회를 보장하여야 한다.

⑤ 기업은 환경보호와 지역사회 공헌 활동을 통해 지속가능한 성장을 추구하여야 한다.

인성검사

01 인성검사의 개요

02 실전 인성검사

01 인성검사의 개요

① 인성(성격)검사의 개념과 목적

인성(성격)이란 개인을 특징짓는 평범하고 일상적인 사회적 이미지, 즉 지속적이고 일관된 공적 성격(Public – personality)이며, 환경에 대응함으로써 선천적·후천적 요소의 상호작용으로 결정화된 심리적·사회적 특성 및 경향을 의미한다.

인성검사는 직무적성검사를 실시하는 대부분의 기업체에서 병행하여 실시하고 있으며, 인성검사만 독자적으로 실시하는 기업도 있다.

기업체에서는 인성검사를 통하여 각 개인이 어떠한 성격 특성이 발달되어 있고, 어떤 특성이 얼마나 부족한지, 그것이 해당 직무의 특성 및 조직문화와 얼마나 맞는지를 알아보고 이에 적합한 인재를 선발하고자 한다. 또한 개인에게 적합한 직무 배분과 부족한 부분을 교육을 통해 보완하도록 할 수 있다.

인성검사의 측정요소는 검사방법에 따라 차이가 있다. 또한 각 기업체들이 사용하고 있는 인성검사는 기존에 개발된 인성검사방법에 각 기업체의 인재상을 적용하여 자신들에게 적합하게 재개발하여 사용하는 경우가 많다. 그러므로 기업체에서 요구하는 인재상을 파악하여 그에 따른 대비책을 준비하는 것이 바람직하다. 본서에서 제시된 인성검사는 크게 '특성'과 '유형'의 측면에서 측정하게 된다.

② 성격의 특성

(1) 정서적 측면

정서적 측면은 평소 마음의 당연시하는 자세나 정신상태가 얼마나 안정하고 있는지 또는 불안정한지를 측정한다.

정서의 상태는 직무수행이나 대인관계와 관련하여 태도나 행동으로 드러난다. 그러므로 정서적 측면을 측정하는 것에 의해, 장래 조직 내의 인간관계에 어느 정도 잘 적응할 수 있을까(또는 적응하지 못할까)를 예측하는 것이 가능하다.

그렇기 때문에, 정서적 측면의 결과는 채용 시에 상당히 중시된다. 아무리 능력이 좋아도 장기적으로 조직 내의 인간관계에 잘 적응할 수 없다고 판단되는 인재는 기본적으로는 채용되지 않는다.

일반적으로 인성(성격)검사는 채용과는 관계없다고 생각하나 정서적으로 조직에 적응하지 못하는 인재는 채용단계에서 가려내지는 것을 유의하여야 한다.

① 민감성(신경도) … 꼼꼼함, 섬세함, 성실함 등의 요소를 통해 일반적으로 신경질적인지 또는 자신의 존재를 위협받는다는 불안을 갖기 쉬운지를 측정한다.

질문	그렇다	약간 그렇다	그저 그렇다	별로 그렇지 않다	그렇지 않다
• 남을 잘 배려한다고 생각한다. • 어질러진 방에 있으면 불안하다. • 실패 후에는 불안하다. • 세세한 것까지 신경 쓴다. • 이유 없이 불안할 때가 있다.					

▶측정결과

㉠ '그렇다'가 많은 경우(상처받기 쉬운 유형) : 사소한 일에 신경 쓰고 다른 사람의 사소한 한마디 말에 상처를 받기 쉽다.

- 면접관의 심리 : '동료들과 잘 지낼 수 있을까?', '실패할 때마다 위축되지 않을까?'
- 면접대책 : 다소 신경질적이라도 능력을 발휘할 수 있다는 평가를 얻도록 한다. 주변과 충분한 의사소통이 가능하고, 결정한 것을 실행할 수 있다는 것을 보여주어야 한다.

㉡ '그렇지 않다'가 많은 경우(정신적으로 안정적인 유형) : 사소한 일에 신경 쓰지 않고 금방 해결하며, 주위 사람의 말에 과민하게 반응하지 않는다.

- 면접관의 심리 : '계약할 때 필요한 유형이고, 사고 발생에도 유연하게 대처할 수 있다.'
- 면접대책 : 일반적으로 '민감성'의 측정치가 낮으면 플러스 평가를 받으므로 더욱 자신감 있는 모습을 보여준다.

② 자책성(과민도) … 자신을 비난하거나 책망하는 정도를 측정한다.

질문	그렇다	약간 그렇다	그저 그렇다	별로 그렇지 않다	그렇지 않다
• 후회하는 일이 많다.					
• 자신이 하찮은 존재라 생각된다.					
• 문제가 발생하면 자기의 탓이라고 생각한다.					
• 무슨 일이든지 끙끙대며 진행하는 경향이 있다.					
• 온순한 편이다.					

▶측정결과

㉠ '그렇다'가 많은 경우(자책하는 유형) : 비관적이고 후회하는 유형이다.
- 면접관의 심리 : '끙끙대며 괴로워하고, 일을 진행하지 못할 것 같다.'
- 면접대책 : 기분이 저조해도 항상 의욕을 가지고 생활하는 것과 책임감이 강하다는 것을 보여준다.

㉡ '그렇지 않다'가 많은 경우(낙천적인 유형) : 기분이 항상 밝은 편이다.
- 면접관의 심리 : '안정된 대인관계를 맺을 수 있고, 외부의 압력에도 흔들리지 않는다.'
- 면접대책 : 일반적으로 '자책성'의 측정치가 낮아야 좋은 평가를 받는다.

③ 기분성(불안도) … 기분의 굴곡이나 감정적인 면의 미숙함이 어느 정도인지를 측정하는 것이다.

질문	그렇다	약간 그렇다	그저 그렇다	별로 그렇지 않다	그렇지 않다
• 다른 사람의 의견에 자신의 결정이 흔들리는 경우가 많다.					
• 기분이 쉽게 변한다.					
• 종종 후회한다.					
• 다른 사람보다 의지가 약한 편이라고 생각한다.					
• 금방 싫증을 내는 성격이라는 말을 자주 듣는다.					

▶측정결과

㉠ '그렇다'가 많은 경우(감정의 기복이 많은 유형) : 의지력보다 기분에 따라 행동하기 쉽다.
- 면접관의 심리 : '감정적인 것에 약하며, 상황에 따라 생산성이 떨어지지 않을까?'
- 면접대책 : 주변 사람들과 항상 협조한다는 것을 강조하고 한결같은 상태로 일할 수 있다는 평가를 받도록 한다.

㉡ '그렇지 않다'가 많은 경우(감정의 기복이 적은 유형) : 감정의 기복이 없고, 안정적이다.
- 면접관의 심리 : '안정적으로 업무에 임할 수 있다.'
- 면접대책 : 기분성의 측정치가 낮으면 플러스 평가를 받으므로 자신감을 가지고 면접에 임한다.

④ 독자성(개인도) … 주변에 대한 견해나 관심, 자신의 견해나 생각에 어느 정도의 속박감을 가지고 있는지
   를 측정한다.

질문	그렇다	약간 그렇다	그저 그렇다	별로 그렇지 않다	그렇지 않다
• 창의적 사고방식을 가지고 있다.					
• 융통성이 없는 편이다.					
• 혼자 있는 편이 많은 사람과 있는 것보다 편하다.					
• 개성적이라는 말을 듣는다.					
• 교제는 번거로운 것이라고 생각하는 경우가 많다.					

▶측정결과

㉠ '그렇다'가 많은 경우 : 자기의 관점을 중요하게 생각하는 유형으로, 주위의 상황보다 자신의 느낌과 생각을
   중시한다.
   • 면접관의 심리 : '제멋대로 행동하지 않을까?'
   • 면접대책 : 주위 사람과 협조하여 일을 진행할 수 있다는 것과 상식에 얽매이지 않는다는 인상을 심어준다.

㉡ '그렇지 않다'가 많은 경우 : 상식적으로 행동하고 주변 사람의 시선에 신경을 쓴다.
   • 면접관의 심리 : '다른 직원들과 협조하여 업무를 진행할 수 있겠다.'
   • 면접대책 : 협조성이 요구되는 기업체에서는 플러스 평가를 받을 수 있다.

⑤ 자신감(자존심도) … 자기 자신에 대해 얼마나 긍정적으로 평가하는지를 측정한다.

질문	그렇다	약간 그렇다	그저 그렇다	별로 그렇지 않다	그렇지 않다
• 다른 사람보다 능력이 뛰어나다고 생각한다. • 다소 반대의견이 있어도 나만의 생각으로 행동할 수 있다. • 나는 다른 사람보다 기가 센 편이다. • 동료가 나를 모욕해도 무시할 수 있다. • 대개의 일을 목적한 대로 헤쳐나갈 수 있다고 생각한다.					

▶측정결과

㉠ '그렇다'가 많은 경우 : 자기 능력이나 외모 등에 자신감이 있고, 비판당하는 것을 좋아하지 않는다.
  • 면접관의 심리 : '자만하여 지시에 잘 따를 수 있을까?'
  • 면접대책 : 다른 사람의 조언을 잘 받아들이고, 겸허하게 반성하는 면이 있다는 것을 보여주고, 동료들과 잘 지내며 리더의 자질이 있다는 것을 강조한다.
㉡ '그렇지 않다'가 많은 경우 : 자신감이 없고 다른 사람의 비판에 약하다.
  • 면접관의 심리 : '패기가 부족하지 않을까?', '쉽게 좌절하지 않을까?'
  • 면접대책 : 극도의 자신감 부족으로 평가되지는 않는다. 그러나 마음이 약한 면은 있지만 의욕적으로 일을 하겠다는 마음가짐을 보여준다.

⑥ 고양성(분위기에 들뜨는 정도) … 자유분방함, 명랑함과 같이 감정(기분)의 높고 낮음의 정도를 측정한다.

질문	그렇다	약간 그렇다	그저 그렇다	별로 그렇지 않다	그렇지 않다
• 침착하지 못한 편이다. • 다른 사람보다 쉽게 우쭐해진다. • 모든 사람이 아는 유명인사가 되고 싶다. • 모임이나 집단에서 분위기를 이끄는 편이다. • 취미 등이 오랫동안 지속되지 않는 편이다.					

▶**측정결과**

㉠ '그렇다'가 많은 경우 : 자극이나 변화가 있는 일상을 원하고 기분을 들뜨게 하는 사람과 친밀하게 지내는 경향이 강하다.
   • 면접관의 심리 : '일을 진행하는 데 변덕스럽지 않을까?'
   • 면접대책 : 밝은 태도는 플러스 평가를 받을 수 있지만, 착실한 업무능력이 요구되는 직종에서는 마이너스 평가가 될 수 있다. 따라서 자기조절이 가능하다는 것을 보여준다.
㉡ '그렇지 않다'가 많은 경우 : 감정이 항상 일정하고, 속을 드러내 보이지 않는다.
   • 면접관의 심리 : '안정적인 업무 태도를 기대할 수 있겠다.'
   • 면접대책 : '고양성'의 낮음은 대체로 플러스 평가를 받을 수 있다. 그러나 '무엇을 생각하고 있는지 모르겠다' 등의 평을 듣지 않도록 주의한다.

⑦ 허위성(진위성) … 필요 이상으로 자기를 좋게 보이려 하거나 기업체가 원하는 '이상형'에 맞춘 대답을 하고 있는지, 없는지를 측정한다.

질문	그렇다	약간 그렇다	그저 그렇다	별로 그렇지 않다	그렇지 않다
• 약속을 깨뜨린 적이 한 번도 없다. • 다른 사람을 부럽다고 생각해 본 적이 없다. • 꾸지람을 들은 적이 없다. • 사람을 미워한 적이 없다. • 화를 낸 적이 한 번도 없다.					

▶**측정결과**

㉠ '그렇다'가 많은 경우 : 실제의 자기와는 다른, 말하자면 원칙으로 해답할 가능성이 있다.
   • 면접관의 심리 : '거짓을 말하고 있다.'
   • 면접대책 : 조금이라도 좋게 보이려고 하는 '거짓말쟁이'로 평가될 수 있다. '거짓을 말하고 있다.'는 마음 따위가 전혀 없다 해도 결과적으로는 정직하게 답하지 않는다는 것이 되어 버린다. '허위성'의 측정 질문은 구분되지 않고 다른 질문 중에 섞여 있다. 그러므로 모든 질문에 솔직하게 답하여야 한다. 또한 자기 자신과 너무 동떨어진 이미지로 답하면 좋은 결과를 얻지 못한다. 그리고 면접에서 '허위성'을 기본으로 한 질문을 받게 되므로 당황하거나 또 다른 모순된 답변을 하게 된다. 겉치레를 하거나 무리한 욕심을 부리지 말고 '이런 사회인이 되고 싶다.'는 현재의 자신보다, 조금 성장한 자신을 표현하는 정도가 적당하다.
㉡ '그렇지 않다'가 많은 경우 : 냉정하고 정직하며, 외부의 압력과 스트레스에 강한 유형이다. '대쪽 같음'의 이미지가 굳어지지 않도록 주의한다.

(2) 행동적인 측면

행동적 측면은 인격 중에 특히 행동으로 드러나기 쉬운 측면을 측정한다. 사람의 행동 특징 자체에는 선도 악도 없으나, 일반적으로는 일의 내용에 의해 원하는 행동이 있다. 때문에 행동적 측면은 주로 직종과 깊은 관계가 있는데 자신의 행동 특성을 살려 적합한 직종을 선택한다면 플러스가 될 수 있다.

행동 특성에서 보여 지는 특징은 면접 장면에서도 드러나기 쉬우므로 평소 자신의 태도, 행동이 면접관의 시선에 어떻게 비치는지를 점검하도록 해야 한다.

① 사회적 내향성 … 대인관계에서 나타나는 행동경향으로 '낯가림'을 측정한다.

질문	선택
A : 파티에서는 사람을 소개받는 편이다. B : 파티에서는 사람을 소개하는 편이다.	
A : 처음 보는 사람과는 어색하게 시간을 보내는 편이다. B : 처음 보는 사람과는 즐거운 시간을 보내는 편이다.	
A : 친구가 적은 편이다. B : 친구가 많은 편이다.	
A : 자신의 의견을 말하는 경우가 적다. B : 자신의 의견을 말하는 경우가 많다.	
A : 사교적인 모임에 참석하는 것을 좋아하지 않는다. B : 사교적인 모임에 항상 참석한다.	

▶**측정결과**

㉠ 'A'가 많은 경우 : 내성적이고 사람들과 접하는 것에 소극적이다. 자신의 의견을 말하지 않고 조심스러운 편이다.
- 면접관의 심리 : '소극적인데 동료와 잘 지낼 수 있을까?'
- 면접대책 : 대인관계를 맺는 것을 싫어하지 않고 의욕적으로 일을 할 수 있다는 것을 보여준다.

㉡ 'B'가 많은 경우 : 사교적이고 자기의 생각을 명확하게 전달할 수 있다.
- 면접관의 심리 : '사교적이고 활동적인 것은 좋지만, 자기주장이 너무 강하지 않을까?'
- 면접대책 : 협조성을 보여주고, 자기주장이 너무 강하다는 인상을 주지 않도록 주의한다.

② 내성성(침착도) … 자신의 행동과 일에 대해 침착하게 생각하는 정도를 측정한다.

질문	선택
A : 시간이 걸려도 침착하게 생각하는 경우가 많다. B : 짧은 시간에 결정을 하는 경우가 많다.	
A : 실패의 원인을 찾고 반성하는 편이다. B : 실패를 해도 그다지(별로) 개의치 않는다.	
A : 결론이 도출되어도 몇 번 정도 생각을 바꾼다. B : 결론이 도출되면 신속하게 행동으로 옮긴다.	
A : 여러 가지 생각하는 것이 능숙하다. B : 여러 가지 일을 재빨리 능숙하게 처리하는 데 익숙하다.	
A : 여러 가지 측면에서 사물을 검토한다. B : 행동한 후 생각을 한다.	

▶측정결과

㉠ 'A'가 많은 경우 : 행동하기 보다는 생각하는 것을 좋아하고 신중하게 계획을 세워 실행한다.

- 면접관의 심리 : '행동으로 실천하지 못하고, 대응이 늦은 경향이 있지 않을까?'
- 면접대책 : 발로 뛰는 것을 좋아하고, 일을 더디게 한다는 인상을 주지 않도록 한다.

㉡ 'B'가 많은 경우 : 차분하게 생각하는 것보다 우선 행동하는 유형이다.

- 면접관의 심리 : '생각하는 것을 싫어하고 경솔한 행동을 하지 않을까?'
- 면접대책 : 계획을 세우고 행동할 수 있는 것을 보여주고 '사려 깊다'라는 인상을 남기도록 한다.

③ 신체활동성 … 몸을 움직이는 것을 좋아하는가를 측정한다.

질문	선택
A : 민첩하게 활동하는 편이다. B : 준비행동이 없는 편이다.	
A : 일을 척척 해치우는 편이다. B : 일을 더디게 처리하는 편이다.	
A : 활발하다는 말을 듣는다. B : 얌전하다는 말을 듣는다.	
A : 몸을 움직이는 것을 좋아한다. B : 가만히 있는 것을 좋아한다.	
A : 스포츠를 하는 것을 즐긴다. B : 스포츠를 보는 것을 좋아한다.	

▶측정결과

㉠ 'A'가 많은 경우 : 활동적이고, 몸을 움직이게 하는 것이 컨디션이 좋다.
- 면접관의 심리 : '활동적으로 활동력이 좋아 보인다.'
- 면접대책 : 활동하고 얻은 성과 등과 주어진 상황의 대응능력을 보여준다.

㉡ 'B'가 많은 경우 : 침착한 인상으로, 차분하게 있는 타입이다.
- 면접관의 심리 : '좀처럼 행동하려 하지 않아 보이고, 일을 빠르게 처리할 수 있을까?'

④ 지속성(노력성) … 무슨 일이든 포기하지 않고 끈기 있게 하려는 정도를 측정한다.

질문	선택
A : 일단 시작한 일은 시간이 걸려도 끝까지 마무리한다. B : 일을 하다 어려움에 부딪히면 단념한다.	
A : 끈질긴 편이다. B : 바로 단념하는 편이다.	
A : 인내가 강하다는 말을 듣는다. B : 금방 싫증을 낸다는 말을 듣는다.	
A : 집념이 깊은 편이다. B : 담백한 편이다.	
A : 한 가지 일에 구애되는 것이 좋다고 생각한다. B : 간단하게 체념하는 것이 좋다고 생각한다.	

㉠ 'A'가 많은 경우 : 시작한 것은 어려움이 있어도 포기하지 않고 인내심이 높다.

• 면접관의 심리 : '한 가지의 일에 너무 구애되고, 업무의 진행이 원활할까?'

• 면접대책 : 인내력이 있는 것은 플러스 평가를 받을 수 있지만 집착이 강해 보이기도 한다.

㉡ 'B'가 많은 경우 : 뒤끝이 없고 조그만 실패로 일을 포기하기 쉽다.

• 면접관의 심리 : '질리는 경향이 있고, 일을 정확히 끝낼 수 있을까?'

• 면접대책 : 지속적인 노력으로 성공했던 사례를 준비하도록 한다.

⑤ 신중성(주의성) … 자신이 처한 주변상황을 즉시 파악하고 자신의 행동이 어떤 영향을 미치는지를 측정한다.

질문	선택
A : 여러 가지로 생각하면서 완벽하게 준비하는 편이다. B : 행동할 때부터 임기응변적인 대응을 하는 편이다.	
A : 신중해서 타이밍을 놓치는 편이다. B : 준비 부족으로 실패하는 편이다.	
A : 자신은 어떤 일에도 신중히 대응하는 편이다. B : 순간적인 충동으로 활동하는 편이다.	
A : 시험을 볼 때 끝날 때까지 재검토하는 편이다. B : 시험을 볼 때 한 번에 모든 것을 마치는 편이다.	
A : 일에 대해 계획표를 만들어 실행한다. B : 일에 대한 계획표 없이 진행한다.	

▶측정결과

㉠ 'A'가 많은 경우 : 주변 상황에 민감하고, 예측하여 계획 있게 일을 진행한다.

• 면접관의 심리 : '너무 신중해서 적절한 판단을 할 수 있을까?', '앞으로의 상황에 불안을 느끼지 않을까?'

• 면접대책 : 예측을 하고 실행을 하는 것은 플러스 평가가 되지만, 너무 신중하면 일의 진행이 정체될 가능성을 보이므로 추진력이 있다는 강한 의욕을 보여준다.

㉡ 'B'가 많은 경우 : 주변 상황을 살펴보지 않고 착실한 계획 없이 일을 진행시킨다.

• 면접관의 심리 : '사려 깊지 않고, 실패하는 일이 많지 않을까?', '판단이 빠르고 유연한 사고를 할 수 있을까?'

• 면접대책 : 사전준비를 중요하게 생각하고 있다는 것 등을 보여주고, 경솔한 인상을 주지 않도록 한다. 또한 판단력이 빠르거나 유연한 사고 덕분에 일 처리를 잘 할 수 있다는 것을 강조한다.

(3) 의욕적인 측면

의욕적인 측면은 의욕의 정도, 활동력의 유무 등을 측정한다. 여기서의 의욕이란 우리들이 보통 말하고 사용하는 '하려는 의지'와는 조금 뉘앙스가 다르다. '하려는 의지'란 그 때의 환경이나 기분에 따라 변화하는 것이지만, 여기에서는 조금 더 변화하기 어려운 특징, 말하자면 정신적 에너지의 양으로 측정하는 것이다.

의욕적 측면은 행동적 측면과는 다르고, 전반적으로 어느 정도 점수가 높은 쪽을 선호한다. 모의검사의 의욕적 측면의 결과가 낮다면, 평소 일에 몰두할 때 조금 의욕 있는 자세를 가지고 서서히 개선하도록 노력해야 한다.

① 달성의욕 … 목적의식을 가지고 높은 이상을 가지고 있는지를 측정한다.

질문	선택
A : 경쟁심이 강한 편이다. B : 경쟁심이 약한 편이다.	
A : 어떤 한 분야에서 제1 인자가 되고 싶다고 생각한다. B : 어느 분야에서든 성실하게 임무를 진행하고 싶다고 생각한다.	
A : 규모가 큰일을 해보고 싶다. B : 맡은 일에 충실히 임하고 싶다.	
A : 아무리 노력해도 실패한 것은 아무런 도움이 되지 않는다. B : 가령 실패했을 지라도 나름대로의 노력이 있었으므로 괜찮다.	
A : 높은 목표를 설정하여 수행하는 것이 의욕적이다. B : 실현 가능한 정도의 목표를 설정하는 것이 의욕적이다.	

▶측정결과

㉠ 'A'가 많은 경우 : 큰 목표와 높은 이상을 가지고 승부욕이 강한 편이다.
  • 면접관의 심리 : '열심히 일을 해줄 것 같은 유형이다.'
  • 면접대책 : 달성의욕이 높다는 것은 어떤 직종이라도 플러스 평가가 된다.

㉡ 'B'가 많은 경우 : 현재의 생활을 소중하게 여기고 비약적인 발전을 위하여 기를 쓰지 않는다.
  • 면접관의 심리 : '외부의 압력에 약하고, 기획입안 등을 하기 어려울 것이다.'
  • 면접대책 : 일을 통하여 하고 싶은 것들을 구체적으로 어필한다.

② 활동의욕 … 자신에게 잠재된 에너지의 크기로, 정신적인 측면의 활동력이라 할 수 있다.

질문	선택
A : 하고 싶은 일을 실행으로 옮기는 편이다. B : 하고 싶은 일을 좀처럼 실행할 수 없는 편이다.	
A : 어려운 문제를 해결해 가는 것이 좋다. B : 어려운 문제를 해결하는 것을 잘하지 못한다.	
A : 일반적으로 결단이 빠른 편이다. B : 일반적으로 결단이 느린 편이다.	
A : 곤란한 상황에도 도전하는 편이다. B : 사물의 본질을 깊게 관찰하는 편이다.	
A : 시원시원하다는 말을 잘 듣는다. B : 꼼꼼하다는 말을 잘 듣는다.	

▶측정결과

㉠ 'A'가 많은 경우 : 꾸물거리는 것을 싫어하고 재빠르게 결단해서 행동하는 타입이다.
 • 면접관의 심리 : '일을 처리하는 솜씨가 좋고, 일을 척척 진행할 수 있을 것 같다.'
 • 면접대책 : 활동의욕이 높은 것은 플러스 평가가 된다. 사교성이나 활동성이 강하다는 인상을 준다.
㉡ 'B'가 많은 경우 : 안전하고 확실한 방법을 모색하고 차분하게 시간을 아껴서 일에 임하는 타입이다.
 • 면접관의 심리 : '재빨리 행동을 못하고, 일의 처리속도가 느린 것이 아닐까?'
 • 면접대책 : 활동성이 있는 것을 좋아하고 움직임이 더디다는 인상을 주지 않도록 한다.

❸ 성격의 유형

(1) 인성검사 유형의 4가지 척도

 정서적인 측면, 행동적인 측면, 의욕적인 측면의 요소들은 성격 특성이라는 관점에서 제시된 것들로 각 개인의 장·단점을 파악하는 데 유용하다. 그러나 전체적인 개인의 인성을 이해하는 데는 한계가 있다.

성격의 유형은 개인의 '성격적인 특색'을 가리키는 것으로, 사회인으로서 적합한지, 아닌지를 말하는 관점과는 관계가 없다. 따라서 채용의 합격 여부에는 사용되지 않는 경우가 많으며, 입사 후의 적정 부서 배치의 자료가 되는 편이라 생각하면 된다. 그러나 채용과 관계가 없다고 해서 아무런 준비도 필요없는 것은 아니다. 자신을 아는 것은 면접 대책의 밑거름이 되므로 모의검사 결과를 충분히 활용하도록 하여야 한다.

본서에서는 4개의 척도를 사용하여 기본적으로 16개의 패턴으로 성격의 유형을 분류하고 있다. 각 개인의 성격이 어떤 유형인지 재빨리 파악하기 위해 사용되며, '적성'에 맞는지, 맞지 않는지의 관점에 활용된다.

- 흥미 · 관심의 방향 : 내향형 ◀────────▶ 외향형
- 사물에 대한 견해 : 직관형 ◀────────▶ 감각형
- 판단하는 방법 : 감정형 ◀────────▶ 사고형
- 환경에 대한 접근방법 : 지각형 ◀────────▶ 판단형

(2) 성격유형

① 흥미 · 관심의 방향(내향⇆외향) … 흥미 · 관심의 방향이 자신의 내면에 있는지, 주위환경 등 외면에 향하는 지를 가리키는 척도이다.

질문	선택
A : 내성적인 성격인 편이다. B : 개방적인 성격인 편이다.	
A : 항상 신중하게 생각을 하는 편이다. B : 바로 행동에 착수하는 편이다.	
A : 수수하고 조심스러운 편이다. B : 자기 표현력이 강한 편이다.	
A : 다른 사람과 함께 있으면 침착하지 않다. B : 혼자서 있으면 침착하지 않다.	

▶**측정결과**

㉠ 'A'가 많은 경우(내향) : 관심의 방향이 자기 내면에 있으며, 조용하고 낯을 가리는 유형이다. 행동력은 부족하나 집중력이 뛰어나고 신중하고 꼼꼼하다.

㉡ 'B'가 많은 경우(외향) : 관심의 방향이 외부환경에 있으며, 사교적이고 활동적인 유형이다. 꼼꼼함이 부족하여 대충하는 경향이 있으나 행동력이 있다.

② 일(사물)을 보는 방법(직감 ⇆ 감각) … 일(사물)을 보는 법이 직감적으로 형식에 얽매이는지, 감각적으로
상식적인지를 가리키는 척도이다.

질문	선택
A : 현실주의적인 편이다. B : 상상력이 풍부한 편이다.	
A : 정형적인 방법으로 일을 처리하는 것을 좋아한다. B : 만들어진 방법에 변화가 있는 것을 좋아한다.	
A : 경험에서 가장 적합한 방법으로 선택한다. B : 지금까지 없었던 새로운 방법을 개척하는 것을 좋아한다.	
A : 성실하다는 말을 듣는다. B : 호기심이 강하다는 말을 듣는다.	

▶측정결과

㉠ 'A'가 많은 경우(감각) : 현실적이고 경험주의적이며 보수적인 유형이다.

㉡ 'B'가 많은 경우(직관) : 새로운 주제를 좋아하며, 독자적인 시각을 가진 유형이다.

③ 판단하는 방법(감정 ⇆ 사고) … 일을 감정적으로 판단하는지, 논리적으로 판단하는지를 가리키는 척도이다.

질문	선택
A : 인간관계를 중시하는 편이다. B : 일의 내용을 중시하는 편이다.	
A : 결론을 자기의 신념과 감정에서 이끌어내는 편이다. B : 결론을 논리적 사고에 의거하여 내리는 편이다.	
A : 다른 사람보다 동정적이고 눈물이 많은 편이다. B : 다른 사람보다 이성적이고 냉정하게 대응하는 편이다.	

▶측정결과

㉠ 'A'가 많은 경우(감정) : 일을 판단할 때 마음·감정을 중요하게 여기는 유형이다. 감정이 풍부하고 친절하나
엄격함이 부족하고 우유부단하며, 합리성이 부족하다.

㉡ 'B'가 많은 경우(사고) : 일을 판단할 때 논리성을 중요하게 여기는 유형이다. 이성적이고 합리적이나 타인에
대한 배려가 부족하다.

④ 환경에 대한 접근방법 … 주변상황에 어떻게 접근하는지, 그 판단기준을 어디에 두는지를 측정한다.

질문	선택
A : 사전에 계획을 세우지 않고 행동한다. B : 반드시 계획을 세우고 그것에 의거해서 행동한다. A : 자유롭게 행동하는 것을 좋아한다. B : 조직적으로 행동하는 것을 좋아한다. A : 조직성이나 관습에 속박당하지 않는다. B : 조직성이나 관습을 중요하게 여긴다. A : 계획 없이 낭비가 심한 편이다. B : 예산을 세워 물건을 구입하는 편이다.	

▶측정결과

㉠ 'A'가 많은 경우(지각) : 일의 변화에 융통성을 가지고 유연하게 대응하는 유형이다. 낙관적이며 질서보다는 자유를 좋아하나 임기응변식의 대응으로 무계획적인 인상을 줄 수 있다.

㉡ 'B'가 많은 경우(판단) : 일의 진행시 계획을 세워서 실행하는 유형이다. 순차적으로 진행하는 일을 좋아하고 끈기가 있으나 변화에 대해 적절하게 대응하지 못하는 경향이 있다.

④ 인성검사의 대책

(1) 미리 알아두어야 할 점

① 출제 문항 수 … 성검사의 출제 문항 수는 특별히 정해진 것이 아니며 각 기업체의 기준에 따라 달라질 수 있다. 보통 100문항 이상에서 500문항까지 출제된다고 예상하면 된다.

② 출제형식

    ㉠ 1Set로 묶인 세 개의 문항 중 자신에게 가장 가까운 것(Most)과 가장 먼 것(Least)을 하나씩 고르는 유형

다음 세 가지 문항 중 자신에게 가장 가까운 것은 Most, 가장 먼 것은 Least에 체크하시오.

질문	Most	Least
1. 자신의 생각이나 의견은 좀처럼 변하지 않는다.	✔	
2. 구입한 후 끝까지 읽지 않은 책이 많다.		✔

    ㉡ '예' 아니면 '아니오'의 유형

다음 문항을 읽고 자신에게 해당되는지 안 되는지를 판단하여 해당될 경우 '예'를, 해당되지 않을 경우 '아니오'를 고르시오.

질문	예	아니오
① 걱정거리가 있어서 잠을 못 잘 때가 있다.	✔	
② 시간에 쫓기는 것이 싫다.		✔

    ㉢ 그 외의 유형

다음 문항에 대해서 평소에 자신이 생각하고 있는 것이나 행동하고 있는 것에 체크하시오.

질문	전혀 그렇지 않다	그렇지 않다	그렇다	매우 그렇다
① 머리를 쓰는 것보다 땀을 흘리는 일이 좋다.			✔	
② 자신은 사교적이 아니라고 생각한다.	✔			

(2) 임하는 자세

① 솔직하게 있는 그대로 표현한다.

인성검사는 평범한 일상생활 내용들을 다룬 짧은 문장과 어떤 대상이나 일에 대한 선호를 선택하는 문장으로 구성되었으므로 평소에 자신이 생각한 바를 너무 골똘히 생각하지 말고 문제를 보는 순간 떠오른 것을 표현한다.

② 모든 문제를 신속하게 대답한다.

인성검사는 개인의 성격과 자질을 알아보기 위한 검사이기 때문에 정답이 없다. 다만, 해당 공기업에서 바람직하게 생각하거나 기대되는 결과가 있을 뿐이다. 따라서 시간에 쫓겨서 대충 대답을 하는 것은 바람직하지 못하다.

③ 일관성 있게 대답한다.

간혹 반복되는 문제들이 출제되기 때문에 일관성 있게 답하지 않으면 감점될 수 있으므로 유의한다. 실제로 공기업 인사부 직원의 인터뷰에 따르면 일관성이 없게 대답한 응시자들이 감점을 받아 탈락했다고 한다. 거짓된 응답을 하다보면 일관성 없는 결과가 나타날 수 있으므로 신속하고 솔직하게 체크하다 보면 일관성 있는 응답이 될 것이다.

실전 인성검사

┃1~228┃ 다음 (   ) 안에 당신에게 적합하다면 YES, 그렇지 않다면 NO를 선택하시오(인성검사는 응시자의 인성을 파악하기 위한 자료이므로 정답이 존재하지 않습니다).

	YES	NO
1. 조금이라도 나쁜 소식은 절망의 시작이라고 생각해버린다.	( )	( )
2. 언제나 실패가 걱정이 되어 어쩔 줄 모른다.	( )	( )
3. 다수결의 의견에 따르는 편이다.	( )	( )
4. 혼자서 식당에 들어가는 것은 전혀 두려운 일이 아니다.	( )	( )
5. 승부근성이 강하다.	( )	( )
6. 자주 흥분해서 침착하지 못하다.	( )	( )
7. 지금까지 살면서 타인에게 폐를 끼친 적이 없다.	( )	( )
8. 소곤소곤 이야기하는 것을 보면 자기에 대해 험담하고 있는 것으로 생각된다.	( )	( )
9. 무엇이든지 자기가 나쁘다고 생각하는 편이다.	( )	( )
10. 자신을 변덕스러운 사람이라고 생각한다.	( )	( )
11. 고독을 즐기는 편이다.	( )	( )
12. 자존심이 강하다고 생각한다.	( )	( )
13. 금방 흥분하는 성격이다.	( )	( )
14. 거짓말을 한 적이 없다.	( )	( )
15. 신경질적인 편이다.	( )	( )
16. 끙끙대며 고민하는 타입이다.	( )	( )
17. 감정적인 사람이라고 생각한다.	( )	( )
18. 자신만의 신념을 가지고 있다.	( )	( )

19. 다른 사람을 바보 같다고 생각한 적이 있다. ┈┈┈┈┈┈┈┈┈┈┈┈┈┈┈┈┈┈┈(   )(   )

20. 금방 말해버리는 편이다. ┈┈┈┈┈┈┈┈┈┈┈┈┈┈┈┈┈┈┈┈┈┈┈┈┈┈(   )(   )

21. 싫어하는 사람이 없다. ┈┈┈┈┈┈┈┈┈┈┈┈┈┈┈┈┈┈┈┈┈┈┈┈┈┈┈(   )(   )

22. 대재앙이 오지 않을까 항상 걱정을 한다. ┈┈┈┈┈┈┈┈┈┈┈┈┈┈┈┈(   )(   )

23. 쓸데없는 고생을 하는 일이 많다. ┈┈┈┈┈┈┈┈┈┈┈┈┈┈┈┈┈┈┈(   )(   )

24. 자주 생각이 바뀌는 편이다. ┈┈┈┈┈┈┈┈┈┈┈┈┈┈┈┈┈┈┈┈┈┈(   )(   )

25. 문제점을 해결하기 위해 여러 사람과 상의한다. ┈┈┈┈┈┈┈┈┈┈┈(   )(   )

26. 내 방식대로 일을 한다. ┈┈┈┈┈┈┈┈┈┈┈┈┈┈┈┈┈┈┈┈┈┈┈┈┈┈(   )(   )

27. 영화를 보고 운 적이 많다. ┈┈┈┈┈┈┈┈┈┈┈┈┈┈┈┈┈┈┈┈┈┈┈(   )(   )

28. 어떤 것에 대해서도 화낸 적이 없다. ┈┈┈┈┈┈┈┈┈┈┈┈┈┈┈┈┈(   )(   )

29. 사소한 충고에도 걱정을 한다. ┈┈┈┈┈┈┈┈┈┈┈┈┈┈┈┈┈┈┈┈┈(   )(   )

30. 자신은 도움이 안되는 사람이라고 생각한다. ┈┈┈┈┈┈┈┈┈┈┈┈(   )(   )

31. 금방 싫증을 내는 편이다. ┈┈┈┈┈┈┈┈┈┈┈┈┈┈┈┈┈┈┈┈┈┈┈(   )(   )

32. 개성적인 사람이라고 생각한다. ┈┈┈┈┈┈┈┈┈┈┈┈┈┈┈┈┈┈┈┈(   )(   )

33. 자기 주장이 강한 편이다. ┈┈┈┈┈┈┈┈┈┈┈┈┈┈┈┈┈┈┈┈┈┈┈(   )(   )

34. 뒤숭숭하다는 말을 들은 적이 있다. ┈┈┈┈┈┈┈┈┈┈┈┈┈┈┈┈┈(   )(   )

35. 학교를 쉬고 싶다고 생각한 적이 한 번도 없다. ┈┈┈┈┈┈┈┈┈┈(   )(   )

36. 사람들과 관계맺는 것을 보면 잘하지 못한다. ┈┈┈┈┈┈┈┈┈┈┈(   )(   )

37. 사려깊은 편이다. ┈┈┈┈┈┈┈┈┈┈┈┈┈┈┈┈┈┈┈┈┈┈┈┈┈┈┈┈┈(   )(   )

38. 몸을 움직이는 것을 좋아한다. ┈┈┈┈┈┈┈┈┈┈┈┈┈┈┈┈┈┈┈┈┈(   )(   )

39. 끈기가 있는 편이다. ┈┈┈┈┈┈┈┈┈┈┈┈┈┈┈┈┈┈┈┈┈┈┈┈┈┈(   )(   )

40. 신중한 편이라고 생각한다. ┈┈┈┈┈┈┈┈┈┈┈┈┈┈┈┈┈┈┈┈┈┈┈(   )(   )

41. 인생의 목표는 큰 것이 좋다. ……………………………………………(　)(　)

42. 어떤 일이라도 바로 시작하는 타입이다. ………………………………(　)(　)

43. 낯가림을 하는 편이다. …………………………………………………(　)(　)

44. 생각하고 나서 행동하는 편이다. ………………………………………(　)(　)

45. 쉬는 날은 밖으로 나가는 경우가 많다. ………………………………(　)(　)

46. 시작한 일은 반드시 완성시킨다. ………………………………………(　)(　)

47. 면밀한 계획을 세운 여행을 좋아한다. …………………………………(　)(　)

48. 야망이 있는 편이라고 생각한다. ………………………………………(　)(　)

49. 활동력이 있는 편이다. …………………………………………………(　)(　)

50. 많은 사람들과 왁자지껄하게 식사하는 것을 좋아하지 않는다. ………(　)(　)

51. 돈을 허비한 적이 없다. …………………………………………………(　)(　)

52. 운동회를 아주 좋아하고 기대했다. ……………………………………(　)(　)

53. 하나의 취미에 열중하는 타입이다. ……………………………………(　)(　)

54. 모임에서 회장에 어울린다고 생각한다. ………………………………(　)(　)

55. 입신출세의 성공이야기를 좋아한다. ……………………………………(　)(　)

56. 어떠한 일도 의욕을 가지고 임하는 편이다. …………………………(　)(　)

57. 학급에서는 존재가 희미했다. …………………………………………(　)(　)

58. 항상 무언가를 생각하고 있다. …………………………………………(　)(　)

59. 스포츠는 보는 것보다 하는 게 좋다. …………………………………(　)(　)

60. '참 잘했네요'라는 말을 듣는다. ………………………………………(　)(　)

61. 흐린 날은 반드시 우산을 가지고 간다. ………………………………(　)(　)

62. 주연상을 받을 수 있는 배우를 좋아한다. ……………………………(　)(　)

YES   NO

63. 공격하는 타입이라고 생각한다. ……………………………………………………………( )( )

64. 리드를 받는 편이다. ………………………………………………………………………( )( )

65. 너무 신중해서 기회를 놓친 적이 있다. ………………………………………………( )( )

66. 시원시원하게 움직이는 타입이다. ……………………………………………………( )( )

67. 야근을 해서라도 업무를 끝낸다. ………………………………………………………( )( )

68. 누군가를 방문할 때는 반드시 사전에 확인한다. ……………………………………( )( )

69. 노력해도 결과가 따르지 않으면 의미가 없다. …………………………………………( )( )

70. 무조건 행동해야 한다. ……………………………………………………………………( )( )

71. 유행에 둔감하다고 생각한다. ……………………………………………………………( )( )

72. 정해진대로 움직이는 것은 시시하다. …………………………………………………( )( )

73. 꿈을 계속 가지고 있고 싶다. ……………………………………………………………( )( )

74. 질서보다 자유를 중요시하는 편이다. …………………………………………………( )( )

75. 혼자서 취미에 몰두하는 것을 좋아한다. ………………………………………………( )( )

76. 직관적으로 판단하는 편이다. ……………………………………………………………( )( )

77. 영화나 드라마를 보면 등장인물의 감정에 이입된다. ………………………………( )( )

78. 시대의 흐름에 역행해서라도 자신을 관철하고 싶다. ………………………………( )( )

79. 다른 사람의 소문에 관심이 없다. ………………………………………………………( )( )

80. 창조적인 편이다. …………………………………………………………………………( )( )

81. 비교적 눈물이 많은 편이다. ……………………………………………………………( )( )

82. 융통성이 있다고 생각한다. ………………………………………………………………( )( )

83. 친구의 휴대전화 번호를 잘 모른다. ……………………………………………………( )( )

84. 스스로 고안하는 것을 좋아한다. ………………………………………………………( )( )

85. 정이 두터운 사람으로 남고 싶다. ··(　)(　)

86. 조직의 일원으로 별로 안 어울린다. ··(　)(　)

87. 세상의 일에 별로 관심이 없다. ···(　)(　)

88. 변화를 추구하는 편이다. ···(　)(　)

89. 업무는 인간관계로 선택한다. ··(　)(　)

90. 환경이 변하는 것에 구애되지 않는다. ··(　)(　)

91. 불안감이 강한 편이다. ···(　)(　)

92. 인생은 살 가치가 없다고 생각한다. ··(　)(　)

93. 의지가 약한 편이다. ···(　)(　)

94. 다른 사람이 하는 일에 별로 관심이 없다. ··(　)(　)

95. 사람을 설득시키는 것은 어렵지 않다. ··(　)(　)

96. 심심한 것을 못 참는다. ···(　)(　)

97. 다른 사람을 욕한 적이 한 번도 없다. ··(　)(　)

98. 다른 사람에게 어떻게 보일지 신경을 쓴다. ···(　)(　)

99. 금방 낙심하는 편이다. ···(　)(　)

100. 다른 사람에게 의존하는 경향이 있다. ···(　)(　)

101. 그다지 융통성이 있는 편이 아니다. ···(　)(　)

102. 다른 사람이 내 의견에 간섭하는 것이 싫다. ···(　)(　)

103. 낙천적인 편이다. ··(　)(　)

104. 숙제를 잊어버린 적이 한 번도 없다. ··(　)(　)

105. 밤길에는 발소리가 들리기만 해도 불안하다. ···(　)(　)

106. 상냥하다는 말을 들은 적이 있다. ···(　)(　)

YES   NO

107. 자신은 유치한 사람이다. ······(   )(   )

108. 잡담을 하는 것보다 책을 읽는게 낫다. ······(   )(   )

109. 나는 영업에 적합한 타입이라고 생각한다. ······(   )(   )

110. 술자리에서 술을 마시지 않아도 흥을 돋울 수 있다. ······(   )(   )

111. 한 번도 병원에 간 적이 없다. ······(   )(   )

112. 나쁜 일은 걱정이 되어서 어쩔 줄을 모른다. ······(   )(   )

113. 쉽게 무기력해지는 편이다. ······(   )(   )

114. 비교적 고분고분한 편이라고 생각한다. ······(   )(   )

115. 독자적으로 행동하는 편이다. ······(   )(   )

116. 적극적으로 행동하는 편이다. ······(   )(   )

117. 금방 감격하는 편이다. ······(   )(   )

118. 어떤 것에 대해서는 불만을 가진 적이 없다. ······(   )(   )

119. 밤에 못 잘 때가 많다. ······(   )(   )

120. 자주 후회하는 편이다. ······(   )(   )

121. 뜨거워지기 쉽고 식기 쉽다. ······(   )(   )

122. 자신만의 세계를 가지고 있다. ······(   )(   )

123. 많은 사람 앞에서도 긴장하는 일은 없다. ······(   )(   )

124. 말하는 것을 아주 좋아한다. ······(   )(   )

125. 인생을 포기하는 마음을 가진 적이 한 번도 없다. ······(   )(   )

126. 어두운 성격이다. ······(   )(   )

127. 금방 반성한다. ······(   )(   )

128. 활동범위가 넓은 편이다. ······(   )(   )

129. 자신을 끈기있는 사람이라고 생각한다. ·······················(　)(　)

130. 좋다고 생각하더라도 좀 더 검토하고 나서 실행한다. ·······(　)(　)

131. 위대한 인물이 되고 싶다. ·····································(　)(　)

132. 한 번에 많은 일을 떠맡아도 힘들지 않다. ··················(　)(　)

133. 사람과 만날 약속은 부담스럽다. ····························(　)(　)

134. 질문을 받으면 충분히 생각하고 나서 대답하는 편이다. ····(　)(　)

135. 머리를 쓰는 것보다 땀을 흘리는 일이 좋다. ···············(　)(　)

136. 결정한 것에는 철저히 구속받는다. ·························(　)(　)

137. 외출 시 문을 잠그었는지 몇 번을 확인한다. ···············(　)(　)

138. 이왕 할 거라면 일등이 되고 싶다. ·························(　)(　)

139. 과감하게 도전하는 타입이다. ······························(　)(　)

140. 자신은 사교적이 아니라고 생각한다. ······················(　)(　)

141. 무심코 도리에 대해서 말하고 싶어진다. ···················(　)(　)

142. '항상 건강하네요'라는 말을 듣는다. ·······················(　)(　)

143. 단념하면 끝이라고 생각한다. ······························(　)(　)

144. 예상하지 못한 일은 하고 싶지 않다. ······················(　)(　)

145. 파란만장하더라도 성공하는 인생을 걷고 싶다. ············(　)(　)

146. 활기찬 편이라고 생각한다. ·································(　)(　)

147. 소극적인 편이라고 생각한다. ······························(　)(　)

148. 무심코 평론가가 되어 버린다. ·····························(　)(　)

149. 자신은 성급하다고 생각한다. ······························(　)(　)

150. 꾸준히 노력하는 타입이라고 생각한다. ····················(　)(　)

YES　NO

151. 내일의 계획이라도 메모한다. ···( )( )

152. 리더십이 있는 사람이 되고 싶다. ···( )( )

153. 열정적인 사람이라고 생각한다. ···( )( )

154. 다른 사람 앞에서 이야기를 잘 하지 못한다. ·····························( )( )

155. 통찰력이 있는 편이다. ··( )( )

156. 엉덩이가 가벼운 편이다. ··( )( )

157. 여러 가지로 구애됨이 있다. ···( )( )

158. 돌다리도 두들겨 보고 건너는 쪽이 좋다. ·································( )( )

159. 자신에게는 권력욕이 있다. ···( )( )

160. 업무를 할당받으면 기쁘다. ···( )( )

161. 사색적인 사람이라고 생각한다. ···( )( )

162. 비교적 개혁적이다. ··( )( )

163. 좋고 싫음으로 정할 때가 많다. ···( )( )

164. 전통에 구애되는 것은 버리는 것이 적절하다. ··························( )( )

165. 교제 범위가 좁은 편이다. ··( )( )

166. 발상의 전환을 할 수 있는 타입이라고 생각한다. ····················( )( )

167. 너무 주관적이어서 실패한다. ···( )( )

168. 현실적이고 실용적인 면을 추구한다. ··( )( )

169. 내가 어떤 배우의 팬인지 아무도 모른다. ·································( )( )

170. 현실보다 가능성이다. ··( )( )

171. 마음이 담겨 있으면 선물은 아무 것이나 좋다. ·······················( )( )

172. 여행은 마음대로 하는 것이 좋다. ··( )( )

173. 추상적인 일에 관심이 있는 편이다. ·····(　)(　)

174. 일은 대담히 하는 편이다. ·····(　)(　)

175. 괴로워하는 사람을 보면 우선 동정한다. ·····(　)(　)

176. 가치기준은 자신의 안에 있다고 생각한다. ·····(　)(　)

177. 조용하고 조심스러운 편이다. ·····(　)(　)

178. 상상력이 풍부한 편이라고 생각한다. ·····(　)(　)

179. 의리, 인정이 두터운 상사를 만나고 싶다. ·····(　)(　)

180. 인생의 앞날을 알 수 없어 재미있다. ·····(　)(　)

181. 밝은 성격이다. ·····(　)(　)

182. 별로 반성하지 않는다. ·····(　)(　)

183. 활동범위가 좁은 편이다. ·····(　)(　)

184. 자신을 시원시원한 사람이라고 생각한다. ·····(　)(　)

185. 좋다고 생각하면 바로 행동한다. ·····(　)(　)

186. 좋은 사람이 되고 싶다. ·····(　)(　)

187. 한 번에 많은 일을 떠맡는 것은 골칫거리라고 생각한다. ·····(　)(　)

188. 사람과 만날 약속은 즐겁다. ·····(　)(　)

189. 질문을 받으면 그때의 느낌으로 대답하는 편이다. ·····(　)(　)

190. 땀을 흘리는 것보다 머리를 쓰는 일이 좋다. ·····(　)(　)

191. 결정한 것이라도 그다지 구속받지 않는다. ·····(　)(　)

192. 외출 시 문을 잠갔는지 별로 확인하지 않는다. ·····(　)(　)

193. 지위에 어울리면 된다. ·····(　)(　)

194. 안전책을 고르는 타입이다. ·····(　)(　)

195. 자신은 사교적이라고 생각한다. ……………………………………………………(   )(   )

196. 도리는 상관없다. ………………………………………………………………………(   )(   )

197. 침착하다는 말을 듣는다. ……………………………………………………………(   )(   )

198. 단념이 중요하다고 생각한다. ………………………………………………………(   )(   )

199. 예상하지 못한 일도 해보고 싶다. …………………………………………………(   )(   )

200. 평범하고 평온하게 행복한 인생을 살고 싶다. …………………………………(   )(   )

201. 몹시 귀찮아하는 편이라고 생각한다. ……………………………………………(   )(   )

202. 특별히 소극적이라고 생각하지 않는다. …………………………………………(   )(   )

203. 이것저것 평하는 것이 싫다. ………………………………………………………(   )(   )

204. 자신은 성급하지 않다고 생각한다. ………………………………………………(   )(   )

205. 꾸준히 노력하는 것을 잘 하지 못한다. …………………………………………(   )(   )

206. 내일의 계획은 머릿속에 기억한다. ………………………………………………(   )(   )

207. 협동성이 있는 사람이 되고 싶다. …………………………………………………(   )(   )

208. 열정적인 사람이라고 생각하지 않는다. …………………………………………(   )(   )

209. 다른 사람 앞에서 이야기를 잘한다. ………………………………………………(   )(   )

210. 행동력이 있는 편이다. ………………………………………………………………(   )(   )

211. 엉덩이가 무거운 편이다. ……………………………………………………………(   )(   )

212. 특별히 구애받는 것이 없다. ………………………………………………………(   )(   )

213. 돌다리는 두들겨 보지 않고 건너도 된다. ………………………………………(   )(   )

214. 자신에게는 권력욕이 없다. ………………………………………………………(   )(   )

215. 업무를 할당받으면 부담스럽다. …………………………………………………(   )(   )

216. 활동적인 사람이라고 생각한다. …………………………………………………(   )(   )

217. 비교적 보수적이다. ···(　)(　)

218. 손해인지 이익인지를 기준으로 결정할 때가 많다. ···················(　)(　)

219. 전통을 견실히 지키는 것이 적절하다. ·································(　)(　)

220. 교제 범위가 넓은 편이다. ···(　)(　)

221. 상식적인 판단을 할 수 있는 타입이라고 생각한다. ···············(　)(　)

222. 너무 객관적이어서 실패한다. ···(　)(　)

223. 보수적인 면을 추구한다. ···(　)(　)

224. 내가 누구의 팬인지 주변의 사람들이 안다. ························(　)(　)

225. 가능성보다 현실이다. ···(　)(　)

226. 그 사람이 필요한 것을 선물하고 싶다. ·····························(　)(　)

227. 여행은 계획적으로 하는 것이 좋다. ··································(　)(　)

228. 구체적인 일에 관심이 있는 편이다. ··································(　)(　)

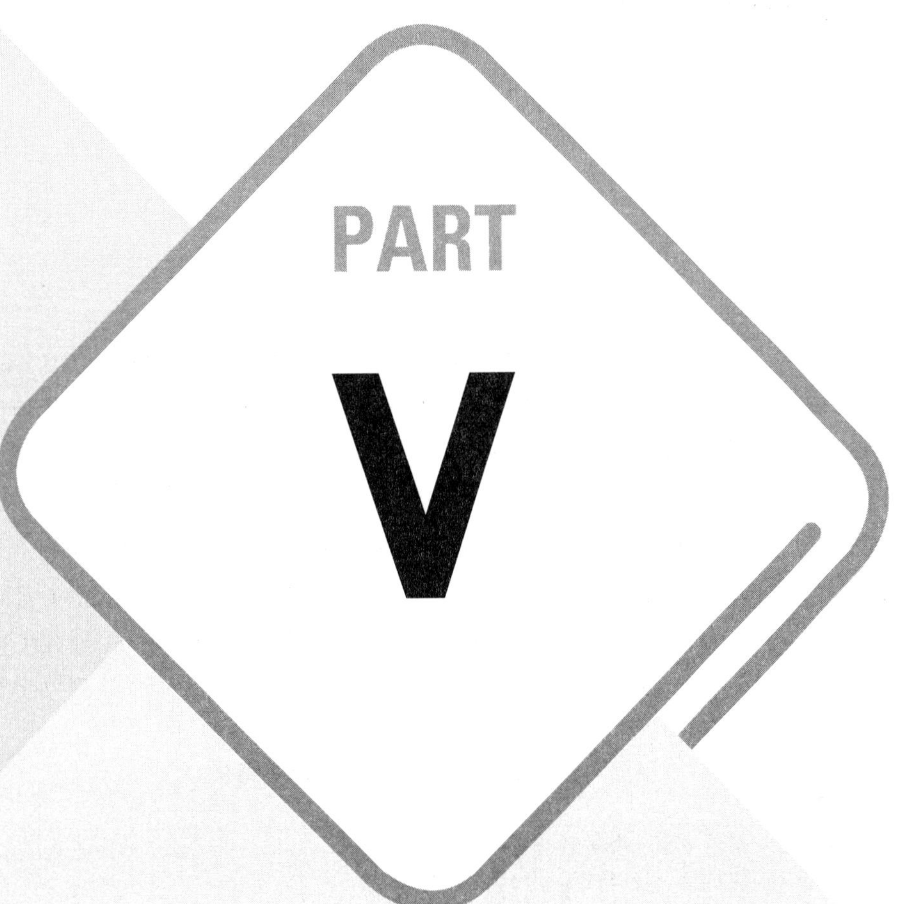

NCS 면접

01 면접의 기본
02 면접기출

01 면접의 기본

❶ 면접 준비

(1) 면접의 기본 원칙

① **면접의 의미** … 다양한 면접기법을 활용하여 지원한 직무에 필요한 능력을 지원자가 보유하고 있는지를 확인하는 절차라고 할 수 있다. 즉, 지원자의 입장에서는 채용 직무수행에 필요한 요건들과 관련하여 자신의 환경, 경험, 관심사, 성취 등에 대해 기업에 직접 어필할 수 있는 기회를 제공받는 것이며, 기업의 입장에서는 서류전형만으로 알 수 없는 지원자에 대한 정보를 직접적으로 수집하고 평가하는 것이다.

② **면접의 특징** … 면접은 기업의 입장에서 서류전형이나 필기전형에서 드러나지 않는 지원자의 능력이나 성향을 볼 수 있는 기회로, 면대면으로 이루어지며 즉흥적인 질문들이 포함될 수 있기 때문에 지원자가 완벽하게 준비하기 어려운 부분이 있다. 하지만 지원자 입장에서도 서류전형이나 필기전형에서 모두 보여주지 못한 자신의 능력 등을 기업의 인사담당자에게 어필할 수 있는 추가적인 기회가 될 수도 있다.

[서류 · 필기전형과 차별화되는 면접의 특징]

- 직무수행과 관련된 다양한 지원자 행동에 대한 관찰이 가능하다.
- 면접관이 알고자 하는 정보를 심층적으로 파악할 수 있다.
- 서류상의 미비한 사항과 의심스러운 부분을 확인할 수 있다.
- 커뮤니케이션 능력, 대인관계 능력 등 행동 · 언어적 정보도 얻을 수 있다.

③ **면접의 유형**

   ㉠ **구조화 면접** : 사전에 계획을 세워 질문의 내용과 방법, 지원자의 답변 유형에 따른 추가 질문과 그에 대한 평가 역량이 정해져 있는 면접 방식으로 표준화 면접이라고도 한다.

     - 표준화된 질문이나 평가요소가 면접 전 확정되며, 지원자는 편성된 조나 면접관에 영향을 받지 않고 동일한 질문과 시간을 부여받을 수 있다.
     - 조직 또는 직무별로 주요하게 도출된 역량을 기반으로 평가요소가 구성되어, 조직 또는 직무에서 필요한 역량을 가진 지원자를 선발할 수 있다.
     - 표준화된 형식을 사용하는 특성 때문에 비구조화 면접에 비해 신뢰성과 타당성, 객관성이 높다.

   ㉡ **비구조화 면접** : 면접 계획을 세울 때 면접 목적만을 명시하고 내용이나 방법은 면접관에게 전적으로 일임하는 방식으로 비표준화 면접이라고도 한다.

     - 표준화된 질문이나 평가요소 없이 면접이 진행되며, 편성된 조나 면접관에 따라 지원자에게 주어지는

질문이나 시간이 다르다.
- 면접관의 주관적인 판단에 따라 평가가 이루어져 평가 오류가 빈번히 일어난다.
- 상황 대처나 언변이 뛰어난 지원자에게 유리한 면접이 될 수 있다.

④ 경쟁력 있는 면접 요령

　㉠ 면접 전에 준비하고 유념할 사항
- 예상 질문과 답변을 미리 작성한다.
- 작성한 내용을 문장으로 외우지 않고 키워드로 기억한다.
- 지원한 회사의 최근 기사를 검색하여 기억한다.
- 지원한 회사가 속한 산업군의 최근 기사를 검색하여 기억한다.
- 면접 전 1주일간 이슈가 되는 뉴스를 기억하고 자신의 생각을 반영하여 정리한다.
- 찬반토론에 대비한 주제를 목록으로 정리하여 자신의 논리를 내세운 예상답변을 작성한다.

　㉡ 면접장에서 유념할 사항
- 질문의 의도 파악 : 답변을 할 때에는 질문 의도를 파악하고 그에 충실한 답변이 될 수 있도록 질문 사항을 유념해야 한다. 많은 지원자가 하는 실수 중 하나로 답변을 하는 도중 자기 말에 심취되어 질문의 의도와 다른 답변을 하거나 자신이 알고 있는 지식만을 나열하는 경우가 있는데, 이럴 경우 의사소통능력이 부족한 사람으로 인식될 수 있으므로 주의하도록 한다.
- 답변은 두괄식 : 답변을 할 때에는 두괄식으로 결론을 먼저 말하고 그 이유를 설명하는 것이 좋다. 미괄식으로 답변을 할 경우 용두사미의 답변이 될 가능성이 높으며, 결론을 이끌어 내는 과정에서 논리성이 결여될 우려가 있다. 또한 면접관이 결론을 듣기 전에 말을 끊고 다른 질문을 추가하는 예상치 못한 상황이 발생될 수 있으므로 답변은 자신이 전달하고자 하는 바를 먼저 밝히고 그에 대한 설명을 하는 것이 좋다.
- 지원한 회사의 기업정신과 인재상을 기억 : 답변을 할 때에는 회사가 원하는 인재라는 인상을 심어주기 위해 지원한 회사의 기업정신과 인재상 등을 염두에 두고 답변을 하는 것이 좋다. 모든 회사에 해당되는 두루뭉술한 답변보다는 지원한 회사에 맞는 맞춤형 답변을 하는 것이 좋다.
- 나보다는 회사와 사회적 관점에서 답변 : 답변을 할 때에는 자기중심적인 관점을 피하고 좀 더 넓은 시각으로 회사와 국가, 사회적 입장까지 고려하는 인재임을 어필하는 것이 좋다. 자기중심적 시각을 바탕으로 자신의 출세만을 위해 회사에 입사하려는 인상을 심어줄 경우 면접에서 불이익을 받을 가능성이 높다.
- 난처한 질문은 정직한 답변 : 난처한 질문에 답변을 해야 할 때에는 피하기보다는 정면 돌파로 정직하고 솔직하게 답변하는 것이 좋다. 난처한 부분을 감추고 드러내지 않으려 회피하는 지원자의 모습은 인사담당자에게 입사 후에도 비슷한 상황에 처했을 때 회피할 수도 있다는 우려를 심어줄 수 있다. 따라서 직장생활에 있어 중요한 덕목 중 하나인 정직을 바탕으로 솔직하게 답변을 하도록 한다.

❷ 면접 질문 및 답변 포인트

(1) 성격 및 가치관에 관한 질문

① 당신의 PR포인트를 말해 주십시오.

> **TIP** PR포인트를 말할 때에는 지나치게 겸손한 태도는 좋지 않으며 적극적으로 자기를 주장하는 것이 좋다. 앞으로 입사 후 하게 될 업무와 관련된 자기의 특성을 구체적인 일화를 더하여 이야기하도록 한다.

MEMO

② 당신의 장·단점을 말해 보십시오.

> **TIP** 지원자의 구체적인 장·단점을 알고자 하기 보다는 지원자가 자기 자신에 대해 얼마나 알고 있으며 어느 정도의 객관적인 분석을 하고 있나, 그리고 개선의 노력 등을 시도하는지를 파악하고자 하는 것이다. 따라서 장점을 말할 때는 업무와 관련된 장점을 뒷받침할 수 있는 근거와 함께 제시하며, 단점을 이야기할 때에는 극복을 위한 노력을 반드시 포함해야 한다.

MEMO

③ 가장 존경하는 사람은 누구입니까?

> **TIP** 존경하는 사람을 말하기 위해서는 우선 그 인물에 대해 알아야 한다. 잘 모르는 인물에 대해 존경한다고 말하는 것은 면접관에게 바로 지적당할 수 있으므로, 추상적이라도 좋으니 평소에 존경스럽다고 생각했던 사람에 대해 그 사람의 어떤 점이 좋고 존경스러운지 대답하도록 한다. 또한 자신에게 어떤 영향을 미쳤는지도 언급하면 좋다.

MEMO

(2) 지원동기 및 직업의식에 관한 질문

① 왜 우리 회사를 지원했습니까?

> **TIP** 이 질문은 어느 회사나 가장 먼저 물어보고 싶은 것으로 지원자들은 기업의 이념, 대표의 경영능력, 재무구조, 복리후생 등 외적인 부분을 설명하는 경우가 많다. 이러한 답변도 적절하지만 지원 회사의 주력 상품에 관한 소비자의 인지도, 경쟁사 제품과의 시장점유율을 비교하면서 입사동기를 설명한다면 상당히 주목 받을 수 있을 것이다.

MEMO

② 만약 이번 채용에 불합격하면 어떻게 하겠습니까?

> **TIP** 불합격할 것을 가정하고 회사에 응시하는 지원자는 거의 없을 것이다. 이는 지원자를 궁지로 몰아넣고 어떻게 대응하는지를 살펴보며 입사 의지를 알아보려고 하는 것이다. 이 질문은 너무 깊이 들어가지 말고 침착하게 답변하는 것이 좋다.

MEMO

③ 당신이 생각하는 바람직한 사원상은 무엇입니까?

> **TIP** 직장인으로서 또는 조직의 일원으로서의 자세를 묻는 질문으로 지원하는 회사에서 어떤 인재상을 요구하는가를 알아두는 것이 좋으며, 평소에 자신의 생각을 미리 정리해 두어 당황하지 않도록 한다.

MEMO

④ 직무상의 적성과 보수의 많음 중 어느 것을 택하겠습니까?

> **TIP** 이런 질문에서 회사 측에서 원하는 답변은 당연히 직무상의 적성에 비중을 둔다는 것이다. 그러나 적성만을 너무 강조하다 보면 오히려 솔직하지 못하다는 인상을 줄 수 있으므로 어느 한 쪽을 너무 강조하거나 경시하는 태도는 바람직하지 못하다.

MEMO

⑤ 상사와 의견이 다를 때 어떻게 하겠습니까?

> **TIP** 과거와 다르게 최근에는 상사의 명령에 무조건 따르겠다는 수동적인 자세는 바람직하지 않다. 회사에서는 때에 따라 자신이 판단하고 행동할 수 있는 직원을 원하기 때문이다. 그러나 지나치게 자신의 의견만을 고집한다면 이는 팀원 간의 불화를 야기할 수 있으며 팀 체제에 악영향을 미칠 수 있으므로 선호하지 않는다는 것에 유념하여 답해야 한다.

MEMO

⑥ 근무지가 지방인데 근무가 가능합니까?

> **TIP** 근무지가 지방 중에서도 특정 지역은 되고 다른 지역은 안 된다는 답변은 바람직하지 않다. 직장에서는 순환 근무라는 것이 있으므로 처음에 지방에서 근무를 시작했다고 해서 계속 지방에만 있는 것은 아님을 유의하고 답변하도록 한다.

MEMO

(3) 여가 활용에 관한 질문

① 취미가 무엇입니까?

> **TIP** 기초적인 질문이지만 특별한 취미가 없는 지원자의 경우 대답이 애매할 수밖에 없다. 그래서 가장 많이 대답하게 되는 것이 독서, 영화감상, 혹은 음악감상 등과 같은 흔한 취미를 말하게 되는데 이런 취미는 면접관의 주의를 끌기 어려우며 설사 정말 위와 같은 취미를 가지고 있다하더라도 제대로 답변하기는 힘든 것이 사실이다. 가능하면 독특한 취미를 말하는 것이 좋으며 이제 막 시작한 것이라도 열의를 가지고 있음을 설명할 수 있으면 그것을 취미로 답변하는 것도 좋다.

MEMO

② 본인만의 스트레스 관리 방법이 있습니까?

> **TIP** 대인관계에서 받는 스트레스를 통제하고 해소할 수 있는지 의지와 발전 가능성을 알아보기 위한 질문이다.
> 평상시 스트레스 관리법으로 현실가능한 수준의 대답을 하는 것이 좋다.

MEMO

(4) 지원자를 당황하게 하는 질문

① 우리 회사 회장님 함자를 알고 있습니까?

> **TIP** 회장이나 사장의 이름을 조사하는 것은 면접일을 통고받았을 때 이미 사전 조사되었어야 하는 사항이다.
> 단답형으로 이름만 말하기보다는 그 기업에 입사를 희망하는 지원자의 입장에서 답변하는 것이 좋다.

MEMO

② 당신은 이 회사에 적합하지 않은 것 같군요.

TIP 이 질문은 지원자의 입장에서 상당히 곤혹스러울 수밖에 없다. 질문을 듣는 순간 그렇다면 면접은 왜 참가시킨 것인가 하는 생각이 들 수도 있다. 하지만 당황하거나 흥분하지 말고 침착하게 자신의 어떤 면이 회사에 적당하지 않은지 겸손하게 물어보고 지적 당한 부분에 대해서 고치겠다는 의지를 보인다면 오히려 자신의 능력을 어필할 수 있는 기회로 사용할 수도 있다.

MEMO

③ 다시 공부할 계획이 있습니까?

TIP 이 질문은 지원자가 합격하여 직장을 다니다가 공부를 더 하기 위해 회사를 그만 두거나 학습에 더 관심을 두어 일에 대한 능률이 저하될 것을 우려하여 묻는 것이다. 이때에는 당연히 학습보다는 일을 강조해야 하며, 업무 수행에 필요한 학습이라면 업무에 지장이 없는 범위에서 야간학교를 다니거나 회사에서 제공하는 연수 프로그램 등을 활용하겠다고 답변하는 것이 적당하다.

MEMO

④ 지원한 분야가 전공한 분야와 다른데 여기 일을 할 수 있겠습니까?

> **TIP** 수험생의 입장에서 본다면 지원한 분야와 전공이 다르지만 서류전형과 필기전형에 합격하여 면접을 보게 된 경우라고 할 수 있다. 이는 결국 해당 회사의 채용 방침상 전공에 크게 영향을 받지 않는다는 것이므로 무엇보다 자신이 전공하지는 않았지만 어떤 업무도 적극적으로 임할 수 있다는 자신감과 능동적인 자세를 보여주도록 노력하는 것이 좋다.

MEMO

02 면접기출

① 소상공인시장진흥공단 면접기출

① 자기소개를 해 보시오.

② 우리 공단에 지원한 동기는 무엇인가?

③ 소상공인의 개념에 대해 설명해 보시오.

④ 소상공인시장을 진흥시켜야 하는 근본적인 이유는 무엇이라고 생각하는가?

⑤ 전통시장을 활성화시킬 수 있는 방안에 대해 의견을 제안해 보시오.

⑥ 살면서 가장 힘들었던 경험에 대해 말해 보시오.

⑦ 우리 공단 지원사업 중 전통시장 화재공제에 대해 설명하고, 화재공제 가입률이 낮은 이유와 가입률을 높이기 위한 방안은 무엇이 있을지 말해 보시오.

⑧ 소상공인 관련 뉴스를 접한 것이 있다면 설명해 보시오.

⑨ 우리 공단에 대해 궁금한 점이 있다면 질문해 보시오.

⑩ 자신만의 스트레스 해소 방법이 있다면 말해 보시오.

⑪ 상사가 부당한 업무를 지시하면 어떻게 대처하겠는가?

⑫ 규정에 어긋나는 것을 요구하며 억지를 부리는 민원인을 어떻게 대처하겠는가?

⑬ '규칙은 지켜져야 한다'와 '규칙은 바뀌어야 한다' 중 하나를 고른다면?

⑭ 업무 중 아버지가 돌아가셨다는 소식이 왔다. 어떻게 할 것인가?

⑮ 대형마트 의무휴무제에 대한 자신의 견해를 밝히시오.

⑯ 전통시장의 온라인 판로 개척을 위한 아이디어를 제시해 보시오.

⑰ 제로페이 사용 활성화를 위한 방안을 말해 보시오.

⑰ 원칙과 규정을 지키기 위해 했던 노력을 말해 보시오.

⑱ 우리 공단이 개선해야 하는 점과 대안을 말해 보시오.

⑲ 입사 후 공단에서 어떤 전문가로 성장하고 싶은지 말해 보시오.

⑳ 마지막으로 하고 싶은 말이 있다면 말해 보시오.

2 공기업 면접기출

① 상사가 부정한 일로 자신의 이득을 취하고 있다. 이를 인지하게 되었을 때 자신이라면 어떻게 행동할 것인가?

② 본인이 했던 일 중 가장 창의적이었다고 생각하는 경험에 대해 말해보시오.

③ 직장 생활 중 적성에 맞지 않는다고 느낀다면 다른 일을 찾을 것인가? 아니면 참고 견뎌내겠는가?

④ 자신만의 특별한 취미가 있는가? 그것을 업무에서 활용할 수 있다고 생각하는가?

⑤ 면접을 보러 가는 길인데 신호등이 빨간불이다. 시간이 매우 촉박한 상황인데, 무단횡단을 할 것인가?

⑥ 원하는 직무에 배치 받지 못할 경우 어떻게 행동할 것인가?

⑦ 상사와 종교 · 정치에 대한 대화를 하던 중 본인의 생각과 크게 다른 경우 어떻게 하겠는가?

⑧ 타인과 차별화 될 수 있는 자신만의 장점 및 역량은 무엇인가?

⑨ 자격증을 한 번에 몰아서 취득했는데 힘들지 않았는가?

⑩ 오늘 경제신문 첫 면의 기사에 대해 브리핑 해보시오.

⑪ 최근 주의 깊게 본 시사 이슈는 무엇인가?

⑫ 타인과 차별화 될 수 있는 자신만의 장점 및 역량은 무엇인가?

⑬ 외국인 노동자와 비정규직에 대한 자신의 의견을 말해보시오.

⑭ 장래에 자녀를 낳는다면 주말 계획은 자녀와 자신 중 어느 쪽에 맞춰서 할 것인가?

⑮ 공사 진행과 관련하여 민원인과의 마찰이 생기면 어떻게 대응하겠는가?

⑯ 직장 상사가 나보다 다섯 살 이상 어리면 어떤 기분이 들겠는가?

⑰ 현재 심각한 취업난인 반면 중소기업은 인력이 부족하다는데 어떻게 생각하는가?

⑱ 자신만의 스트레스 해소법이 있다면 말해보시오.

⑲ 지방이나 오지 근무에 대해서 어떻게 생각하는가?

⑳ 상사에게 부당한 지시를 받으면 어떻게 행동하겠는가?

NCS 정답 및 해설

01 NCS 대표유형 정답해설
02 NCS 예상문제 정답해설

PART ❶ 의사소통능력

| 1 | ② | 2 | ② | 3 | ③ | 4 | ① | 5 | ③ |

1 ②

② 지문에서는 인간관계를 이해하는 두 가지 측면을 언급하고 있다. 또한 인간관계는 개인적 요인과 사회적 요인이 복합적으로 작용하므로, 따라서 인간관계의 이해란 맥락 속에서 형성·발전·변화를 살펴보는 과정이라고 밝히고 있다.

2 ②

② ㈎ 도입부에 AI의 확장과 활용 사례를 제시하며 AI가 생활과 사회 전반에 깊숙이 들어와있음을 보여준다. 그 다음 전개로 ㈐ 일상에서 산업·조직 차원으로 AI가 확산되었으며 ㈑ 인간과 AI 협업의 구체적 양상이 나온다. ㈏ 협업이 가져온 변화를 종합적으로 정리하고 ㈏ 이에 대한 긍정적인 시각과 부정적인 시각을 대비, ㈒ AI의 이해에 대한 결론을 제시하며 마무리하고 있다.

3 ③

③ 디지털화는 공장 내 사물들 간에 소통이 가능하도록 물리적 아날로그 신호를 디지털 신호로 변환하는 것이다.
①② 두 번째 문단에서 언급하고 있다.
④ 세 번째 문단에서 언급하고 있다.

4 ①

① 부지 용도가 단독주택용지이고 토지사용 가능시기가 '즉시'라는 공고를 통해 계약만 이루어지면 즉시 이용이 가능한 토지임을 알 수 있다.
② 계약체결 후 남은 금액은 공급가격에서 계약금을 제외한 33,250,095,000원이다. 이를 무이자로 3년간 6회에 걸쳐 납부해야 하므로 첫 번째 내야 할 중도금은 5,541,682,500원이다.
③ 규모 400㎡의 단독주택용지를 주택건설업자에게 분양하는 공고이다.
④ 계약금은 공급가격의 10%로 보증금이 더 적다.

5 ③

고위직급자와 계약직 직원들에 대한 학습목표 달성을 지원해야 한다는 논의가 되고 있으므로 그에 따른 실천 방안이 있을 것으로 판단할 수 있으나, 교육 시간 자체가 더 증가할 것으로 전망하는 것은 근거가 제시되어 있지 않은 의견이다.

① 22시간→35시간으로 약 59% 증가하였다.

② 평균 학습시간을 초과하여 달성하는 등 상시학습문화가 정착되었다고 평가하고 있다.

④ 생애주기에 맞는 직급별 직무역량교육 의무화라는 것은 각 직급과 나이에 보다 적합한 교육이 실시될 것임을 의미한다.

PART ❷ 수리능력 🔍

| 1 | ③ | 2 | ② | 3 | ③ | 4 | ② | 5 | ③ |

1 ③

첫 번째와 두 번째 규칙에 따라 두 사람의 점수 총합은 $4 \times 20 + 2 \times 20 = 120$점이 된다. 이 때 두 사람 중 점수가 더 낮은 사람의 점수를 x점이라고 하면, 높은 사람의 점수는 $120 - x$점이 되므로 $120 - x = x + 12$가 성립한다.

따라서 $x = 54$이다.

---

2 ②

주어진 조건에 의해 다음과 같이 계산할 수 있다.

$\{(1,000,000 + 100,000 + 200,000) \times 12 + (1,000,000 \times 4) + 500,000\} \div 365 \times 30 = 1,652,055$원

따라서 소득월액은 $1,652,055$원이 된다.

---

3 ③

자료에 제시된 각 암별 치명률이 나올 수 있는 공식은 보기 중 ③이다. 참고적으로 치명률은 어떤 질환에 의한 사망자수를 그 질환의 환자수로 나눈 것으로 보통 백분율로 나타내며, 치사율이라고도 한다.

---

4 ②

② 전체 인구수는 전년보다 동일하거나 감소하지 않고 매년 꾸준히 증가한 것을 알 수 있다.

① 65세 미만 인구수 역시 매년 꾸준히 증가하였다.

③ 2017년과 2018년에는 전년보다 감소하였다.

④ 증가나 감소가 아닌 변화 전체를 묻고 있으므로 2014년(+351명), 2015년(+318명), 그리고 2017년(−315명)이 된다.

5 ③

③ 표를 통해 건설 부가가치는 '건설공사 매출액 − 건설비용'의 산식이 적용됨을 알 수 있다. 건설공사 매출액은 국내와 해외 매출액의 합산이므로 해외 매출액의 증감은 건설 부가가치에 직접적인 영향을 미친다.

① 제시된 기업체 수 증가율을 통하여 연도별 기업체 수를 확인할 수 있으며, 2012년도에는 기업체 수가 약 65,183개로 65,000개 이상이 된다.

② 2016년은 313.3 ÷ 356.6 × 100 = 약 87.9%이며, 2017년은 354.0 ÷ 392.0 × 100 = 약 90.3%이다.

④ 다른 항목은 2017년에 모두 증가하였지만, 건설공사 매출액 중 해외 매출액 지표는 감소하였다.

PART ③ 자원관리능력

1	③	2	④	3	①	4	④	5	②

1 ③

교육비 지원 기준에 따라 각 직원이 지원 받을 수 있는 내역을 정리하면 다음과 같다.

A	• 본인 대학원 학비 3백만 원(100% 지원) • 동생 대학 학비 2백만 원(형제 및 자매→80% 지원) = 160만 원	총 460만 원
B	딸 대학 학비 2백만 원(직계 비속→90% 지원) = 180만 원	총 180만 원
C	본인 대학 학비 3백만 원(100% 지원) 아들 대학 학비 4백만 원(직계 비속→90% 지원) = 360만 원	총 660만 원
D	본인 대학 학비 2백만 원(100% 지원) 딸 대학 학비 2백만 원(90% 지원) = 180만 원 아들 대학원 학비 2백만 원(90% 지원) = 180만 원	총 560만 원

따라서 A ∼ D 직원 4명의 총 교육비 지원 금액은 1,860만 원이고, 이를 원단위로 표현하면 18,600,000원이다.

2 ④

④ 결원이 생겼을 때에는 그대로 추가 선발 없이 채용을 마감할 수 있으며, 추가합격자를 선발할 경우 반드시 차순위자를 선발하여야 한다.

① 모든 응시자는 1인 1개 분야만 지원할 수 있다. 따라서 중복 응시에 대해 어느 한 쪽을 임의로 무효처리할 수 있다.

② 입사지원서 작성 내용과 다르게 된 결과이므로 취소 처분이 가능하다.

③ 지원자가 채용예정인원 수와 같거나 미달하더라도 적격자가 없는 경우 선발하지 않을 수 있다.

3 ①

주행속도에 따른 연비와 구간별 소요되는 연료량을 계산하면 다음과 같다.

차량	주행속도(km/h)	연비(km/L)	구간별 소요되는 연료량(L)		
A (LPG)	30 이상 60 미만	$10 \times 50.0\% = 5$	1구간	20	총 31.5
	60 이상 90 미만	$10 \times 100.0\% = 10$	2구간	4	
	90 이상 120 미만	$10 \times 80.0\% = 8$	3구간	7.5	
B (휘발유)	30 이상 60 미만	$16 \times 62.5\% = 10$	1구간	10	총 17.5
	60 이상 90 미만	$16 \times 100.0\% = 16$	2구간	2.5	
	90 이상 120 미만	$16 \times 75.0\% = 12$	3구간	5	
C (경유)	30 이상 60 미만	$20 \times 50.0\% = 10$	1구간	10	총 16
	60 이상 90 미만	$20 \times 100.0\% = 20$	2구간	2	
	90 이상 120 미만	$20 \times 75.0\% = 15$	3구간	4	

따라서 조건에 따른 주행을 완료하는 데 소요되는 연료비는 A 차량은 $31.5 \times 1,000 = 31,500$원, B 차량은 $17.5 \times 2,000 = 35,000$원, C 차량은 $16 \times 1,600 = 25,600$원으로, 두 번째로 높은 연료비가 소요되는 차량은 A며 31,500원의 연료비가 든다.

---

4 ④

ⓒ 2의 '전자ㆍ통신관계법에 의한 전기ㆍ전자통신기술에 관한 업무'에 해당하므로 丙은 자격 취득 후 경력 기간 15개월 중 80%인 12개월을 인정받는다.

ⓔ 1의 '전력시설물의 설계ㆍ공사ㆍ감리ㆍ유지보수ㆍ관리ㆍ진단ㆍ점검ㆍ검사에 관한 기술업무'에 해당하므로 丁은 자격 취득 전 경력 기간 2년의 50%인 1년을 인정받는다.

ⓐ 3에 따라 자격 취득 전의 경력 기간은 50%만 인정되므로 甲은 5년의 경력 기간 중 50%인 2년 6개월만 인정받는다.

ⓑ 2의 「전기용품안전관리법」에 따른 전기용품의 설계ㆍ제조ㆍ검사 등의 기술업무에 해당하므로 乙은 자격 취득 후 경력 기간 30개월 중 80%인 24개월을 인정받는다.

---

5 ②

먼저 '층별 월 전기료 60만 원 이하' 조건을 적용해 보면 2층, 3층, 5층에서 각각 6대, 2대, 1대의 구형 에어컨을 버려야 한다. 다음으로 '구형 에어컨 대비 신형 에어컨 비율 1/2 이상 유지' 조건을 적용하면 4층, 5층에서 각각 1대, 2대의 신형 에어컨을 구입해야 한다. 그런데 5층에서 신형 에어컨 2대를 구입하게 되면 구형 에어컨 12대와 신형 에어컨 6대가 되어 월 전기료가 60만 원이 넘게 되므로 2대의 구형 에어컨을 더 버려야 하며, 신형 에어컨은 1대만 구입하면 된다. 따라서 A상사가 구입해야 하는 신형 에어컨은 총 2대이다.

| 1 | ③ | 2 | ④ | 3 | ② | 4 | ② | 5 | ③ |

1 ③

Index 뒤에 나타나는 문자가 오류 문자이므로 이 상황에서 오류 문자는 'GHWDYC'이다. 오류 문자 중 오류 발생 위치의 문자와 일치하지 않는 알파벳은 G, H, W, D, Y 5개이므로 처리코드는 'Atnih'이다.

2 ④

VLOOKUP은 범위의 첫 열에서 찾을 값에 해당하는 데이터를 찾은 후 찾을 값이 있는 행에서 열 번호 위치에 해당하는 데이터를 구하는 함수이다. 단가를 찾아 연결하기 위해서는 열에 대하여 '항목'을 찾아 단가를 구하게 되므로 VLOOKUP 함수를 사용해야 한다.

찾을 방법은 TRUE(1) 또는 생략할 경우, 찾을 값의 아래로 근삿값, FALSE(0)이면 정확한 값을 표시한다. VLOOKUP(B2,$A$8:$B$10,2,0)은 'A8:B10' 영역의 첫 열에서 '식비'에 해당하는 데이터를 찾아 2열에 있는 단가 값인 6500을 선택하게 된다.

따라서 '=C2*VLOOKUP(B2,$A$8:$B$10,2,0)'은 10 × 6500이 되어 결과값은 65000이 되며, 이를 드래그하면, 각각 129000, 42000, 52000의 사용금액을 결과값으로 나타내게 된다.

3 ②

입고연월 2010○○ + 충청남도 쫓출판사 3J + 「뇌과학 첫걸음」 07773 + 입고순서 8491
따라서 코드는 '2010○○3J077738491'이 된다.

4 ②

발행 출판사와 입고순서가 동일하려면 (지역코드 + 고유번호) 두 자리와 (입고순서) 네 자리가 동일해야 한다. 이규리와 강희철은 각각 2011054L066610351, 2012064L107790351로 발행 출판사와 입고순서가 동일한 도서를 담당하는 책임자이다.

5 ③

$n=0,\ S=1$
$n=1,\ S=1+1^2$
$n=2,\ S=1+1^2+2^2$
…
$n=7,\ S=1+1^2+2^2+\cdots+7^2$
∴ 출력되는 S의 값은 141이다.

1	④	2	①	3	④	4	③	5	④

1 ④

④ 개인 윤리에 대한 내용이다.
①②③ 직업 윤리에 대한 내용이다.

2 ①

① 정직과 신뢰는 매사에 조금씩 차곡차곡 축적해 나가야 한다.

3 ④

가. 악수를 하는 동안에는 상대에게 집중하는 의미로 반드시 눈을 맞추고 미소를 짓는다.
다. 처음 만나는 사람과의 악수라도 손끝만을 잡는 행위는 상대방을 존중한다는 마음을 전달하지 못하는 행위이다.
바. 정부 고관을 지낸 사람을 소개할 경우 퇴직한 사람이라도 직급명은 그대로 사용해 주는 것이 일반적인 예절로 인식된다.

4 ③

③ 직원 복지 활동으로 CSR 실천 활동으로 보기 어렵다.
①②④ 사회 전체에 긍정적인 영향을 주는 활동으로 CSR에 해당한다.

5 ④

④ 내부고발은 조직의 명성이나 이익을 해칠 수 있지만, 사회 전체의 안전과 공익을 지키는 행위라는 점에서 직업윤리적으로 긍정적으로 평가된다.
① 지문은 내부고발을 단순히 부정적 효과로만 보지 않고 공익적 의미를 강조한다.
② 개인적 불만 해소라는 해석은 지문에서 확인할 수 없는 부분이다.
③ 내부고발은 조직 충성과 사회적 책임의 딜레마를 보여준다.

NCS 예상문제 정답해설

PART ❶ 의사소통능력

1	②	2	③	3	④	4	⑤	5	②	6	⑤	7	④	8	③	9	③	10	④
11	⑤	12	③	13	③	14	⑤	15	④	16	④	17	④	18	③	19	⑤	20	⑤

1　②

② 지문은 전자결재 시스템이 도입된 배경(문서 분실·지연 등 문제)과 도입 후 장점(실시간 확인, 속도 향상, 투명성 확보)을 설명하면서, 최종적으로 조직 전체의 효율성과 신뢰성 향상이라는 결론을 제시하고 있다.

2　③

③ 영희가 장갑을 이미 낀 상태인지, 장갑을 끼는 동작을 진행 중인지 의미가 확실치 않은 동사의 상적 속성에 의한 중의성의 사례가 된다.

① 수식어에 의한 중의성의 사례로, 길동이가 나이가 많은 것인지, 길동이와 을순이 모두가 나이가 많은 것인지가 확실치 않은 중의성을 포함하고 있다.

② 접속어에 의한 중의성의 사례로, '그 녀석'이 나와 함께 가서 아버지를 만난건지, 나와 아버지를 각각 만난건지, 나와 아버지 둘을 같이 만난건지가 확실치 않은 중의성을 포함하고 있다.

④ 명사구 사이 동사에 의한 중의성의 사례로, 그녀가 친구들을 보고 싶어 하는 것인지 친구들이 그녀를 보고 싶어 하는 것인지가 확실치 않은 중의성을 포함하고 있다.

⑤ 수식어에 의한 중의성의 사례로, '아끼던'의 수식을 받는 말이 그녀인지 선물인지가 확실치 않은 중의성을 포함하고 있다.

3　④

㉠에 들어갈 적절한 우리나라 속담은 '등잔 밑이 어둡다.'이다. 이와 유사한 의미의 영어 속담으로 'The foot of the candle is dark.'가 있다.

① 무소식이 희소식이다.

② 피는 물보다 진하다.

③ 아니 땐 굴뚝에 연기 날까.

⑤ 건강한 신체에 건강한 정신이 깃든다.

4 ⑤

⑤ 6. Work Experience에 'reverse-chronological order'을 통해 알 수 있다.

① 지원자의 전화번호는 기입하도록 요구하고 있지만 주소를 적는 곳은 따로 없다.

② 2. Application Field는 주관식으로 기입해야 한다.

③ 영어 능숙도는 Poor/a Little/Moderate/Well/Very well의 5단계로 구분하고 있다.

④ 'related to applying job'을 통해 직무와 관련 있는 자격을 요구하고 있음을 알 수 있다.

5 ②

② ㉠은 첫인상이 형성되는 일반적 원리를 설명하는 부분, 즉 사실 제시로 사례를 넣기에는 이르다. ㉡의 뒤에는 이유를 제시하고 있으므로, ㉡ 자리에 면접 사례가 구체적 보충 설명으로 들어가기 적절하다. ㉢과 ㉣ 자리에는 첫인상의 한계와 보완을 설명하는 부분이라 사례와 어울리지 않으며 ㉤은 끝마침을 하는 부분이므로 위치하기에 적절하지 않다. 따라서 〈보기〉 문장은 ㉡에 들어가는 것이 가장 자연스럽다.

6 ⑤

⑤ '즉'은 옳게 쓰여진 것으로 고쳐 쓰면 안 된다.

7 ④

④ 100ml 이하 용기에 한함으로 500ml 물병에 들어있는 물은 국제선 반입이 불가능하다.

8 ③

기기 사용 전 안전 점검 필수에서 다수의 기기를 하나의 멀티탭에 연결하는 것은 화재의 주요 원인이 되므로 지양할 것을 권장하며, 난방기기는 반드시 개별 콘센트를 통해 사용하는 것이 가장 안전하다고 명시되어 있다.

9 ③

③ 주채무자의 전세보증금 반환의무 지체에 따른 이자 및 지연손해금은 보증 채무를 이행하지 아니한다(제7조 제2호).

10 ④

보증채권자가 서류 중 일부를 누락하여 이행을 청구한 경우 보증회사는 서면으로 기한을 정하여 서류보완을 요청할 수 있다.

11　⑤

㉠ 15% 할인 후 가격에서 5%가 추가로 할인되는 것이므로 20%보다 적게 할인된다.
㉡ 위 안내문과 일치한다.
㉢ 같은 기종이 아닌 LED TV가 증정된다.
㉣ 노트북, 세탁기, TV는 따로 H카드를 사용해야 한다는 항목이 없으므로 옳지 않다.

12　③

③ 역사적 사실은 객관적 사실을 바탕으로 하면서도, 연구자의 문제의식, 시대적 가치관에 따라 상반된 평가가 가능하다고 지문에 명시되어 있다.
①⑤ 역사적 사실이 단순히 과거사건 그대로만 존재하는 것이 아니며, 시대와 연구자의 관점에 따라 다양한 의미로 해석된다고 언급하고 있다.
②④ 지문에서 언급되지 않는 내용이다.

13　③

㈃ '이 제도'라는 것을 보아 앞에 제도에 대한 설명이 있음을 알 수 있다. 따라서 제시된 글의 바로 뒤에 와야 한다.
㈄ ㈃에서 개념을 아는 것이 필요하다고 했으므로 뒤에서 설명이 시작됨을 알 수 있다.
㈏ '또한'이라는 말을 통해 ㈄의 이야기에 연결된다는 것을 알 수 있다.
㈎ 예산선과 무차별 곡선에 대한 이야기가 나오고, 특별한 조건이 없다면 이 둘의 접점에서 최적의 소비선택이 이루어진다고 말하고 있다.
㈐ '그런데' 이후는 ㈎에서 제시된 특별한 조건에 해당한다.

14　⑤

첫 번째 문장에 제약 산업에 관한 글이 제시되었다. 제약 산업에 관한 연결된 글로 ㈄가 적절하다. ㈄에서 제시된 평균이윤율을 ㈐에서 '이 이윤율'이라고 하여 설명하고 있으므로 ㈄ – ㈐의 순서가 된다. ㈏의 '이런 독점'이라는 단어를 통해 ㈐의 독점을 이용한 이윤 창출이라는 말과 연결된다는 것을 알 수 있다. ㈃의 '이를 위해'는 ㈏의 '이런 독점을 이용한 이윤 창출'과 연결되고, ㈎에서는 ㈃의 구체적 사례를 들고 있다.

15　④

④ 이 글에서는 사진의 주관성에 대해 설명하면서 주관적으로 사진을 찍어야 함을 강조하고 있을 뿐, 사진을 객관적으로 찍으려면 어떻게 작업해야 한다는 구체적인 정보는 나와 있지 않다.

16 ④

④ '액체나 가루 따위를 다른 곳에 담는 것'은 '붓다'이며, '물에 젖어서 부피가 커지는 것'은 '붇다'이다. 따라서 '콩이 불기(ㄷ불규칙)', '물을 붓고'가 올바른 표현이다.

① '가늠'은 '사물을 어림잡아 헤아린다.'는 의미이며, '갈음'은 '다른 것으로 바꾸어 대신하다'는 의미이다.

② '데다'는 '몹시 놀라거나 심한 괴로움을 겪어 진저리가 난다'는 의미이며, '대다'는 '정해진 시간에 닿거나 맞춘다.'는 의미이다.

③ '몸이나 눈썹을 위쪽으로 올리다'는 뜻으로 '추켜세우다'와 '치켜세우다' 모두 사용할 수 있다.

⑤ '물고기 따위의 배 속에 알이 들다'의 의미인 경우 '배다'가 올바른 표현이며, '날이 있는 연장 따위로 무엇을 끊거나 자르거나 가르다'의 의미인 경우 '베다'가 올바른 표현이다.

---

17 ④

④ 이분법적인 사고를 바탕으로 한 이항 대립의 한계(서구 문화)를 극복하고, 새로운 패러다임(중간항의 존재)으로 전환해야 한다는 논지를 전개하고 있다.

---

18 ③

㉠㉡을 통해 노인인구 증가에 대한 문제제기를 제기하고, ㉢을 통해 노인 복지 정책의 바람직한 방향을 금전적인 복지보다는 경제적인 독립, 즉 일자리 창출 등으로 잡아야 한다고 논지를 전개해야 한다.

---

19 ⑤

제시문은 라디오 대담 상황으로, 진행자와 전문가의 대담을 통해 '정당행위'의 개념과 배상 책임 면제에 관한 법리를 쉽게 설명해 주고 있다. 전문가는 마지막 말에서 추가적인 정보를 제시하고 있지만 그것을 통해 진행자의 오해를 바로잡고 있는 것은 아니다.

---

20 ⑤

①② 다양한 과학적 기법의 도입은 현실 세계를 사실적으로 재현하려는 시도로 자리잡았다는 것을 알 수 있다.

③④ 지문에서 '르네상스 이후 바로크, 로코코 … 끊임없이 변모하였다'고 했으므로 특정 화풍을 고수했다는 것은 틀린 설명이다.

1	③	2	③	3	⑤	4	②	5	③	6	④	7	③	8	③	9	③	10	③
11	①	12	②	13	③	14	①	15	①	16	①	17	⑤	18	①	19	③	20	③

1 ③

③ 중국의 인구수는 약 1,373.1백만 명이며 사우디아라비아는 약 32.3백만 명으로 가장 적다.

② 2023년 미국의 총배량은 4,950MtCO₂로, 탄소톤으로 전환하면 $4,950 \times 3.67 = 18,166.5$톤이 된다.

① CO_2 총배출량을 1인당 배출량으로 나누면 인구수를 알 수 있다. 인도는 1,263백만 명이고 한국은 51.3 백만 명으로 약 24.6배이다.

④ 1인당 배출량은 매년 증가했다.

⑤ 러시아의 총 배출량은 인도네시아보다 약 3.2배 많으며, 1인당 배출량도 5.1배 많다.

2 ③

③ 기업별 방문객의 수만 제시되어 있는 자료이므로 매출액과 관련된 자료를 알 수 있는 방법은 없다.

① 하단에 전체 합계와 주어진 기업별 방문객 수의 합이 일치하므로 전체 방문객 방문 현황을 알 수 있다.

② 전체 방문객을 기업의 수로 나누어 평균 방문객 수를 알 수 있다.

④ 전체 방문객이 가장 많은 기업을 확인하여 매년 동일한지 또는 어느 해에 어떻게 달라졌는지 등을 확인 할 수 있다.

⑤ 평균 방문객 수와 해당 기업별 방문객 수를 통해 알 수 있다.

3 ⑤

⑤ 2024년 친환경인증 농산물 생산량이 전년 대비 가장 많이 증가한 지역은 강원도이다.

4 ②

① 서울 : $\dfrac{1,746-1,938}{1,938} \times 100 = -9.9\%$

② 부산 : $\dfrac{4,040-6,913}{6,913} \times 100 = -41.5\%$

③ 울산 : $\dfrac{10,859-13,792}{13,792} \times 100 = -21.3\%$

④ 충청도 : $\dfrac{159,495-207,753}{207,753} \times 100 = -23.2\%$

⑤ 전라도 : $\dfrac{611,468-922,641}{922,641} \times 100 = -33.7\%$

5 ③

① 2023년 생명보험의 경과보험료는 전년 대비 감소하였다.

② 2020년 손해보험의 손해율은 101.3%이다.

④ 손해보험이 생명보험보다 높다.

⑤ 2024년 생명보험의 총지출액은 전년 대비 감소하였다.

---

6 ④

① 2020년 : $\dfrac{35,584+10,989}{61,472}\times100=75.8\%$

② 2021년 : $\dfrac{35,146+12,084}{66,455}\times100=71.1\%$

③ 2022년 : $\dfrac{44,877+13,881}{75,096}\times100=78.2\%$

④ 2023년 : $\dfrac{47,544+13,715}{73,561}\times100=83.3\%$

⑤ 2024년 : $\dfrac{47,379+12,796}{76,957}\times100=78.2\%$

---

7 ③

사고 전 조달원 \ 사고 후 조달원	수돗물	정수	약수	생수	합계
수돗물	40	30	20	30	120
정수	10	50	10	30	100
약수	20	10	10	40	80
생수	10	10	10	40	70
합계	80	100	50	140	

수돗물 : 120 → 80

정수 : 100 → 100

약수 : 80 → 50

생수 : 70 → 140

따라서 사고 전에 비해 사고 후에 이용 가구 수가 감소한 식수조달원은 수돗물과 약수 2개이다.

8 ③

③ 3등급 판정을 받은 한우의 비율은 2024년이 가장 낮지만, 비율을 통해 한우등급 판정두수를 계산해 보면 2020년의 두수가 $602,016 \times 0.11 =$ 약 66,222두로, 2020년의 $839,161 \times 0.088 =$ 약 73,846두보다 더 적음을 알 수 있다.

① 1++ 등급으로 판정된 한우의 수
  ㉠ 2020년이 $602,016 \times 0.097 =$ 약 58,396두
  ㉡ 2021년이 $718,256 \times 0.092 =$ 약 66,080두

② 1등급 이상이 60%를 넘은 해는 2020, 2021, 2023, 2024년으로 4개년이다.

④ 2021년에서 2022년으로 넘어가면서 1++등급은 0.1%p 비율이 더 많아졌으며, 3등급의 비율도 2.5%p 더 많아졌다.

⑤ 1++ 등급의 비율이 가장 낮은 2014년에는 3등급의 비율이 가장 높았지만, 반대로 1++ 등급의 비율이 가장 높은 2020년에는 3등급의 비율도 11%로 2024년보다 더 높아 가장 낮지 않았다.

---

9 ③

현재까지의 판매 이익은 다음과 같다.
- 아메리카노 : $(3,000 - 200) \times 5 = 14,000$
- 카페라떼 : $(3,500 - 500) \times 3 = 9,000$
- 바닐라라떼 : $(4,000 - 600) \times 3 = 10,200$
- 카페모카 : $(4,000 - 650) \times 2 = 6,700$
- 카라멜마끼아또 : $(4,300 - 850) \times 6 = 20,700$

현재까지 60,600원의 판매 이익을 얻었으므로, 3,400원이 더 필요하다. 따라서 바닐라라떼 한 잔을 더 팔면 이익을 채울 수 있다.

---

10 ③

③ 주어진 자료는 우유생산 현황에 대한 자료이므로 우유 수요가 많은지는 알 수 없다.

---

11 ①

① 경기도 : 감소 – 감소 – 증가   경상남도 : 감소 – 감소 – 감소
② 서울특별시 : 증가 – 증가 – 증가   강원도 : 증가 – 증가 – 증가
③ 광주광역시 : 감소 – 증가 – 증가   전라남도 : 감소 – 증가 – 증가
④ 인천광역시 : 증가 – 감소 – 감소   대구광역시 : 증가 – 감소 – 감소
⑤ 부산광역시 : 감소 – 증가 – 증가   제주도 : 감소 – 증가 – 증가

12 ②

② 연도별 농가당 평균 농가인구의 수는 비례식을 통하여 계산할 수 있으나, 성인이나 학생 등의 연령대별 구분은 제시되어 있지 않아 확인할 수 없다.

① 제시된 농가의 수에 대한 산술평균으로 계산할 수 있다.

③ 총인구의 수를 계산할 수 있으므로 그에 대한 남녀 농가인구 구성비도 확인할 수 있다.

④⑤ 증감내역과 증감률 역시 해당 연도의 정확한 수치를 통하여 계산할 수 있다.

---

13 ③

수빈이가 하루 일하는 양 : $\dfrac{1}{16}$

혜림이가 하루 일하는 양 : $\dfrac{1}{12}$

전체 일의 양을 1로 놓고 같이 일을 한 일을 x라 하면

$$\frac{3}{16}+\left(\frac{1}{16}+\frac{1}{12}\right)x+\frac{1}{12}=1$$

$$\frac{13+7x}{48}=1$$

$$\therefore x=5\,일$$

---

14 ①

시험을 응시한 여자사원의 수를 x라 하고, 여자사원의 총점 + 남자사원의 총점 = 전체 사원의 총점이므로

$$76x+72(100-x)=73\times100$$

식을 간단히 하면 $4x=100$, $x=25$

$\therefore$ 여자사원은 25명이다.

---

15 ①

식염수의 질량이 줄었어도 농도가 줄어든 것은 아니므로 15% 식염수 200g에 물 100g을 첨가한 것으로 계산하면 된다.

$$\frac{30}{200+100}\times100=10\%$$

16 ①

세로의 길이를 x라 하면

$(x+13) \times x \times 7 = 210$

$x^2 + 13x = 30$

$(x+15)(x-2) = 0$

$\therefore x = 2(\mathrm{cm})$

---

17 ⑤

아들들이 받는 돈의 비율은 $10 : 5 : 3$이다. 막내아들은 $90,000$원의 $\dfrac{3}{18}$을 받으므로 $15,000$원을 받는다.

---

18 ①

6명이 평균 $10,000$원을 낸 것이 된다면 총금액은 $60,000$원이다.

$60,000 = 17,000 + 19,000 + 4x$이므로, $x = 6,000$(원)

---

19 ③

약정금리 7.5% + 가산 3.0%p = 10.5%이므로,

$2,000$만 원 $\times$ 10.5% $\times$ (7 $\div$ 365)

$= 2,000$만 원 $\times$ 0.105 $\times$ 0.01918 $\fallingdotseq 35,205$원

---

20 ③

③ 전체 연체원금에 단일 이율을 적용하며 이자와 원금을 나눠 계산하지 않는다.

① 약정금리 9.8% + 3.0%p = 12.8%

② '연체이자율＝약정금리＋3.0%p' 등 이율과 계산 구조가 명시되어 있다.

④ 원리금균등 또는 만기일시 중 선택 가능, 중도상환수수료 없음이 명시되어 있다.

⑤ 고정금리는 말 그대로 약정 당시의 금리가 만기까지 고정되는 구조이다. 따라서 시중금리가 내려가든 오르든 반영되지 않는다.

PART ❸ 자원관리능력

1	④	2	②	3	①	4	③	5	②	6	③	7	②	8	④	9	④	10	③
11	④	12	①	13	③	14	③	15	④	16	③	17	④	18	③	19	①	20	④

1 ④

11월에 출장 가는 부서는 영업부 3명(제네바), 해외개발부 4명(파리)이다.

- 영업부 : $(2,841,500 \times 3) \times 0.8 = 6,819,600$원
- 해외개발부 : $(1,789,200 \times 4) \times 0.8 = 5,725,440$원

∴ 12,545,040원

2 ②

먼저 '층별 월 전기료 60만 원 이하' 조건을 적용해 보면 2층, 3층, 5층에서 각각 6대, 2대, 1대의 구형 에어컨을 버려야 한다. 다음으로 '구형 에어컨 대비 신형 에어컨 비율 1/2 이상 유지' 조건을 적용하면 4층, 5층에서 각각 1대, 2대의 신형 에어컨을 구입해야 한다. 그런데 5층에서 신형 에어컨 2대를 구입하게 되면 구형 에어컨 12대와 신형 에어컨 6대가 되어 월 전기료가 60만 원이 넘게 되므로 2대의 구형 에어컨을 더 버려야 하며, 신형 에어컨은 1대만 구입하면 된다. 따라서 A상사가 구입해야 하는 신형 에어컨은 총 2대이다.

3 ①

주행속도에 따른 연비와 구간별 소요되는 연료량을 계산하면 다음과 같다.

차량	주행속도(km/h)	연비(km/L)	구간별 소요되는 연료량(L)		
A (LPG)	30 이상 60 미만	$10 \times 50.0\% = 5$	1구간	20	총 31.5
	60 이상 90 미만	$10 \times 100.0\% = 10$	2구간	4	
	90 이상 120 미만	$10 \times 80.0\% = 8$	3구간	7.5	
B (휘발유)	30 이상 60 미만	$16 \times 62.5\% = 10$	1구간	10	총 17.5
	60 이상 90 미만	$16 \times 100.0\% = 16$	2구간	2.5	
	90 이상 120 미만	$16 \times 75.0\% = 12$	3구간	5	
C (경유)	30 이상 60 미만	$20 \times 50.0\% = 10$	1구간	10	총 16
	60 이상 90 미만	$20 \times 100.0\% = 20$	2구간	2	
	90 이상 120 미만	$20 \times 75.0\% = 15$	3구간	4	

따라서 조건에 따른 주행을 완료하는 데 소요되는 연료비는 A 차량은 $31.5 \times 1,000 = 31,500$원, B 차량은 $17.5 \times 2,000 = 35,000$원, C 차량은 $16 \times 1,600 = 25,600$원으로, 두 번째로 높은 연료비가 소요되는 차량은 A며 31,500원의 연료비가 든다.

4 ③

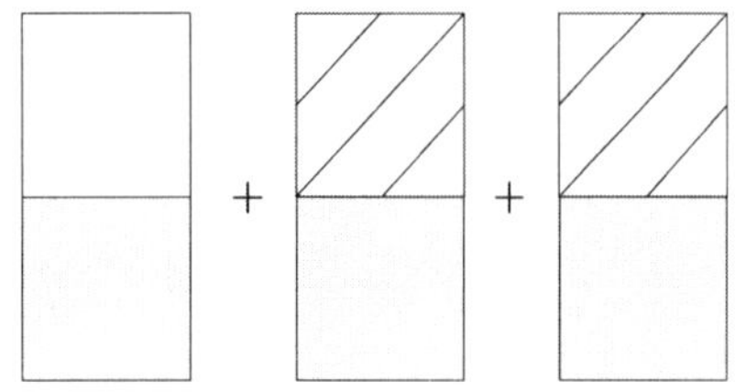

$(30+10)\times 0.2+(20+10)\times 4\times 2=8+240=248$억 원

5 ②

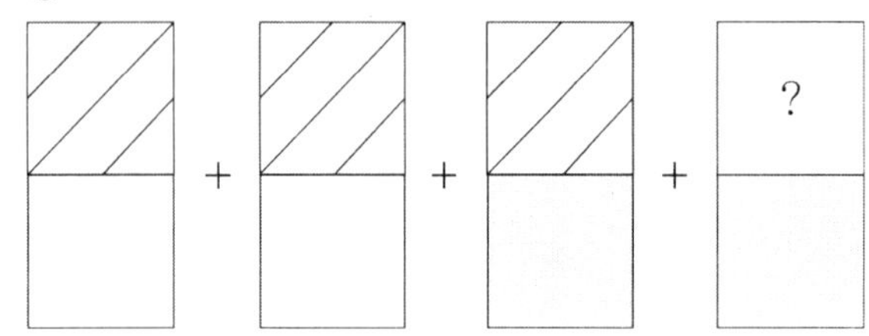

$(30+20)\times 2\times 2+(20+10)\times 4=320$억 원이다.

?가 상업인 경우 +20, 제조업인 경우 +8, 공업인 경우 +120이므로 총 수익이 400억 원 이상이 되기 위해서는 공업이 들어와야 한다.

6 ③

A제품의 생산량을 x개라 하면, B제품의 생산량은 $(50-x)$개이므로,

$50x+20(50-x)\leq 1,600$ …… ㉠

$3x+5(50-x)\leq 240$ …… ㉡

㉠을 정리하면 $x\leq 20$, ㉡을 정리하면 $x\geq 5$

따라서 ㉠과 ㉡을 합치면 $5\leq x\leq 20$이므로,

이익이 더 큰 A제품을 x의 최댓값인 20개 생산할 때 이익이 최대가 된다.

7 ②

주어진 자료를 보면 본사에서 B영업소까지 거리가 가장 멀기 때문에 A영업소나 C영업소로 출발하고 돌아오는 루트가 최단거리가 된다. 따라서 '본사−A−B−E−D−C−본사'의 순서 또는 그 역순으로 방문하는 것이 가장 짧다. 따라서 156km가 적절하다.

8 ④

㈎ 1일 평균 근로시간은 '근로시간 ÷ 근로일수'로 계산할 수 있으며, 연도별로 8.45시간, 8.44시간, 8.47시간, 8.45시간으로 2023년이 가장 많다.

㈏ 1일 평균 임금총액은 '임금총액 ÷ 근로일수'로 계산할 수 있으며, 연도별로 149.2천 원, 156.4천 원, 161.6천 원, 165.4천 원으로 매년 증가하였다.

㈐ 1시간 당 평균 임금총액은 '임금총액 ÷ 근로시간'으로 계산할 수 있으며, 연도별로 17.7천 원, 18.5천 원, 19.1천 원, 19.6천 원으로 매년 증가하였다.

㈑ 2021년~22024년의 수치로 확인해 보면, 근로시간이 더 많은 해에 임금총액도 더 많다고 할 수 없으므로 비례관계가 성립하지 않는다.

---

9 ④

한 달 평균 이동전화 사용 시간을 x라 하면 다음과 같은 공식이 성립한다.

$15,000 + 180x > 18,000 + 120x$

$60x > 3,000$

$x > 50$

따라서 이용전화 사용 시간이 50분 이상일 때부터 B요금제가 유리하다고 할 수 있다.

---

10 ③

업무상 지출의 개념이 개인 가계에 적용될 경우, 의식주에 직접적으로 필요한 비용은 직접비용, 세금, 보험료 등의 비용은 간접비용에 해당된다. 따라서 간접비용은 보험료, 공과금, 자동차 보험료, 병원비로 볼 수 있다. 총 지출 비용이 10,201만 원이며, 이 중 간접비용이 20+55+11+15=101만 원이므로 101÷10,201×100=약 0.99%가 됨을 알 수 있다.

---

11 ④

- 보기1에 의하면 네 개 지역 총 선거인수가 817,820명이며 A군과 B시의 총 선거인수를 더하여 40만 명이 넘어야 하므로 ㉣은 반드시 A군 또는 B시가 된다.
- 보기2에 의하면 A군과 C시의 기표소 투표자 합이 10만 명을 넘지 않아야 하므로 ㉣은 A군과 C시가 될 수 없음을 알 수 있다. 따라서 보기1과 보기2에 의해 ㉣은 B시가 될 수밖에 없다. 또한 A군과 C시는 ㉠과 ㉢ 또는 ㉡과 ㉢중 한 지역이어야 한다.
- 보기3에 의해 D시, A군과 각각 5.1%p의 찬성율 차이를 보이는 ㉡이 C시가 됨을 알 수 있다. 따라서 ㉢이 A군이 되며, 나머지 ㉠이 D시가 됨을 알 수 있다. 따라서 이를 정리하면, 순서대로 D시 – C시 – A군 – B시가 된다.

12 ①

두 사람이 받게 될 수당을 계산하여 표로 정리하면 다음과 같다.

	시간외 근무	야간 근무	휴일 근무	합계
오 과장	320×1.5÷200×18=43.2만 원	320×0.5÷200×4=3.2만 원	320×0.5÷200×8=6.4만 원	52.8만 원
권 대리	280×1.5÷200×22=46.2만 원	280×0.5÷200×5=3.5만 원	280×0.5÷200×12=8.4만 원	58.1만 원

따라서 두 사람의 수당 합계 금액은 52.8+58.1=110.9만 원이 된다.

---

13 ③

싱가포르의 경우 수에즈 운하를 경유하는 것이 가장 짧은 거리이며, 다음으로 파나마 운하, 희망봉의 순임을 알 수 있다.

---

14 ③

순환보직을 원칙으로 탄력적인 인력 배치는 조직의 상황과 개인의 역량 및 특성에 맞는 인력의 적재적소 배치를 위한 방안으로 볼 수 있다. 또한, 학력이나 연령 등의 폐지는 실제 업무에 필요한 능력과 자질을 갖추고도 학력이나 연령 제한에 의해 능력이 사장되는 상황을 방지할 수 있는 방안이 될 수 있어 능력주의 원칙으로 볼 수 있으며, 역량과 업적을 평가하여 각 조직 간 인력 배치의 균형을 이룰 수 있는 근거를 마련할 수 있다는 점에서 균형주의 원칙으로 볼 수 있다.

---

15 ④

광산물의 경우 총 교역액에서 수출액이 차지하는 비중은 39,456÷39,975×100=약 98.7%이나, 잡제품의 경우 187,132÷188,254×100=약 99.4%의 비중을 보이고 있으므로 총 교역액에서 수출액이 차지하는 비중이 가장 큰 품목은 잡제품이다.

---

16 ③

무역수지가 가장 큰 품목은 잡제품으로 무역수지 금액은 187,132-1,122=186,010천 달러에 달하고 있다.

---

17 ④

긴급한 일과 중요한 일이 상충될 경우, 팀장의 지시에 의해 중요한 일을 먼저 처리해야 한다. 따라서 시간 관리 매트릭스 상의 Ⅰ → Ⅱ → Ⅲ → Ⅳ의 순으로 업무를 처리하여야 한다. 따라서 보기 ④의 (B) - (F) - (G) - (L)이 가장 합리적인 시간 계획이라고 할 수 있다.

18 ③

자재 A는 필수

최소 2종 이상 자재 발주

자재 D는 품질 이슈로 지양 (되도록 피해야 함)

㉠ A + B

B : 65,000 × 8 = 520,000원이므로, 450,000 + 520,000 = 970,000원

예산 및 자재 수 2종 조건 충족

㉡ A + C

C : 30,000 × 12 = 360,000원

총 : 450,000 + 360,000 = 810,000원

예산 및 자재 2종 조건 충족

㉢ A + B + C

B : 520,000, C : 360,000

총 : 450,000 + 520,000 + 360,000 = 1,330,000원

예산 및 자재 수 3종으로 조건 충족

㉣ A + D

D : 50,000 × 5 = 250,000원

총 : 450,000 + 250,000 = 700,000원

예산 및 자재 수 2종 조건을 충족하나 '지양'이 명시되어 있으므로 후순위

예산 내에서 최대한 많은 자재를 확보하고, 품질 이슈가 있는 D를 제외하면 A + B + C 조합이 된다.

---

19 ①

㉠ 연속 4일 조합(가능한 4일이 연달아 붙은 경우)

7/1 ～ 7/4 → 7/2, 4 불가, 7/7 ～ 7/10 → 7/8 불가, 7/11 ～ 7/18 → 7/14, 15, 18 불가

㉡ 2일＋2일 분할 조합

가능한 날짜 : 7/9, 7/10, 7/16, 7/17 이므로, (7/9, 7/10)＋(7/16, 7/17) 한 가지 조합이다.

20 ④

회사 승인이 필요한 교재는 다음과 같다.

교재명	수량	가격(권당)	구매 가능 여부
시사용어사전 1200	6	18,000	가능
경제용어사전 1030	5	18,000	가능
빈출 일반상식	7	23,000	가능
금융상식 2주 만에 완성하기	4	21,000	일시품절 (5일 후 입고예정)
영어면접 전면돌파	5	13,000	품절
한국사능력검정시험 30일 벼락치기	3	18,000	가능
상공회의소 한자 중급 기초+모의고사 Set [전 2권]	1	32,000	일시품절 (3일 후 입고 예정)
한자능력검정시험 7 · 8급	2	29,000	가능
파워특강 영어	2	27,000	품절
도시락 한국사 심화과정	3	25,000	가능
필통 한국사 실전모의고사	4	19,000	품절

1	①	2	⑤	3	④	4	②	5	③	6	③	7	③	8	④	9	③	10	④
11	②	12	②	13	①	14	①	15	②	16	②	17	①	18	④	19	②	20	⑤

1 ①

'EOMONTH(start_date, months)' 함수는 시작일에서 개월수만큼 경과한 이전/이후 월의 마지막 날짜를 반환한다. 따라서 [C3] 셀에 있는 날짜 2014년 3월 22일의 1개월이 지난 4월의 마지막 날은 30일이다.

2 ⑤

'$'는 다음에 오는 셀 기호를 고정값으로 묶어 두는 기능을 하게 된다.

(A) : A6 셀을 복사하여 C6 셀에 붙이게 되면, 'A'셀이 고정값으로 묶여 있어 (A)에는 A6 셀과 같은 '$A$1 +$A2'의 값 10이 입력된다.

(B) : (B)에는 '$'로 묶여 있지 않은 2행의 값 대신에 4행의 값이 대응될 것이다. 따라서 '$A$1+$A4'의 값인 9가 입력된다.

따라서 (A)와 (B)의 합은 10+9=19가 된다.

3 ④

POWER(number, power) 함수는 number 인수를 power 인수로 제곱한 결과를 반환한다. 따라서 5의 3제곱은 125이다.

4 ②

① Ctrl+Shift+;

③ Alt+=

④ Alt+Enter

⑤ Shift+드래그

5 ③

2011년 10월 생산품이므로 1110의 코드가 부여되며, 일본 '왈러스' 사는 5K, 여성용 02와 블라우스 해당 코드 006, 10,215번째 입고품의 시리얼 넘버 10215가 제품 코드로 사용되므로 1110 - 5K - 02006 - 10215 가 된다.

6 ③

2008년 10월에 생산되었으며, 멕시코 Fama사의 생산품이다. 또한, 아웃도어용 신발을 의미하며 910번째로 입고된 제품임을 알 수 있다.

---

7 ③

ⓒ 그림판에서는 정원 또는 정사각형을 그리기를 지원한다. 정원이나 정사각형을 그리려면 타원이나 직사각형을 선택한 후에 'shift' 키를 누른 상태로 그리기를 하면 된다.

---

8 ④

구하고자 하는 값은 "생산부 사원"의 승진시험 점수의 평균이다. 주어진 조건에 따른 평균값을 구하는 함수는 AVERAGEIF와 AVERAGEIFS인데 조건이 1개인 경우에는 AVERAGEIF, 조건이 2개 이상인 경우에는 AVERAGEIFS를 사용한다.
[=AVERAGEIFS(E3:E20,B3:B20,"생산부",C3:C20,"사원")]

---

9 ③

$A=1$, $S=1$
$A=2$, $S=1+2$
$A=3$, $S=1+2+3$
…
$A=10$, $S=1+2+3+\cdots+10$
∴ 출력되는 S의 값은 55이다.

---

10 ④

$NA-16-IND-1B-1311$가 있으므로 2013년에 제조된 냉장고도 창고에 있다.

---

11 ②

② 인도네시아에서 제조된 제품은 9개이다.

---

12 ②

[제품 종류] – [모델 번호] – [생산 국가] – [공장과 라인] – [제조연월]
AI(에어컨) – 12 – KOR – 1A –1704

13 ①

엑셀 통합 문서 내에서 다음 워크시트로 이동하려면 〈Ctrl〉+〈Page Down〉을 눌러야 하며, 이전 워크시트로 이동하려면 〈Ctrl〉+〈Page Up〉을 눌러야 한다.

---

14 ①

COUNTIF 함수는 통계함수로서 범위에서 조건에 맞는 셀의 개수를 구할 때 사용된다.
F3 셀은 평균 미만에 해당하는 개수를 구해야 하므로 AVERAGE 함수로 평균 금액을 먼저 구한 후, COUNTIF 함수를 이용할 수 있다.
따라서 =COUNTIF(C2:C13,"〈"&AVERAGE(C2:C13))가 된다.
반면, F4 셀은 평균 이상에 해당하는 개수를 구해야 하므로 F4 셀에 들어갈 수식은
=COUNTIF(C2:C13,"〉="&AVERAGE(C2:C13))이 된다.

---

15 ②

ROUND(number,num_digits)는 반올림하는 함수이며, ROUNDUP은 올림, ROUNDDOWN은 내림하는 함수이다. ROUND(number,num_digits)에서 number는 반올림하려는 숫자를 나타내며, num_digits는 반올림할 때 자릿수를 지정한다. 이 값이 0이면 소수점 첫째자리에서 반올림하고 −1이면 일의자리 수에서 반올림한다. 따라서 주어진 문제는 소수점 첫째자리에서 반올림하는 것이므로 ②가 답이 된다.

---

16 ②

한 셀에 두 줄 이상 입력하려고 하는 경우 줄을 바꿀 때는 〈Alt〉+〈Enter〉를 눌러야 한다.

---

17 ①

㉠ 1회전

5	3	8	1	2
1	3	8	5	2

㉡ 2회전

1	3	8	5	2
1	2	8	5	3

18 ④

㉠ 1회전

| 55 | 11 | 66 | 77 | 22 |

| 11 | 55 | 66 | 77 | 22 |

㉡ 2회전

| 11 | 55 | 66 | 77 | 22 |

| 11 | 22 | 66 | 77 | 55 |

㉢ 3회전

| 11 | 22 | 66 | 77 | 55 |

| 11 | 22 | 55 | 77 | 66 |

---

19 ②

등록 번호	성명	성별	나이	기간

→ 릴레이션 스키마

튜플은 릴레이션 스키마를 제외한다. 따라서 튜플의 수는 4이다.

---

20 ⑤

목표값 찾기는 수식으로 구하려는 결과값은 알지만 해당 결과를 구하는 데 필요한 수식 입력 값을 모르는 경우 사용하는 기능이다. 제시된 대화 상자의 빈칸에는 다음과 같은 내용이 입력된다.

- 수식 셀 : 결과값이 출력되는 셀 주소를 입력 → 반드시 수식이어야 함
- 찾는 값 : 목표값으로 찾고자 하는 값 입력
- 값을 바꿀 셀 : 목표 결과값을 계산하기 위해 변경되는 값이 입력되어 있는 셀 주소 입력

1	③	2	⑤	3	②	4	①	5	③	6	③	7	②	8	④	9	④	10	①
11	②	12	②	13	①	14	②	15	③	16	①	17	①	18	①	19	③	20	③

1 ③

직장이라는 특수 상황에서 갖는 집단적 인간관계는 가족관계, 개인적 선호에 의한 친분 관계와는 다른 측면의 배려가 필요하다.

2 ⑤

"SERVICE"에서 'E'는 'Emotion'과 'Excellence'를 의미한다.

※ "SERVICE"의 7가지 의미

- ㉠ S(Smile & Speed) : 서비스는 미소와 함께 신속하게 하는 것
- ㉡ E(Emotion) : 서비스는 감동을 주는 것
- ㉢ R(Respect) : 서비스는 고객을 존중하는 것
- ㉣ V(Value) : 서비스는 고객에게 가치를 제공하는 것
- ㉤ I(Image) : 서비스는 고객에게 좋은 이미지를 심어 주는 것
- ㉥ C(Courtesy) : 서비스는 예의를 갖추고 정중하게 하는 것
- ㉦ E(Excellence) : 서비스는 고객에게 탁월하게 제공되어져야 하는 것

3 ②

제시된 사례는 비윤리적인 결과를 피하기 위하여 일반적으로 필요한 주의나 관심을 기울이지 않는 도덕적 태만에 해당한다. 도덕적 태만은 어떤 결과가 나쁜 것을 알지만 자신의 행위가 그러한 결과를 가져올 수 있다는 것을 모르는 경우이다.

4 ①

직업 윤리의 5대 원칙

- ㉠ **객관성의 원칙** : 업무의 공공성을 바탕으로 공사구분을 명확히 하고, 모든 것을 숨김없이 투명하게 처리하는 원칙을 말한다.
- ㉡ **고객중심의 원칙** : 고객에 대한 봉사를 최우선으로 생각하고 현장중심, 실천중심으로 일하는 원칙을 말한다.
- ㉢ **전문성의 원칙** : 자기업무에 전문가로서의 능력과 의식을 가지고 책임을 다하며, 능력을 연마하는 것을 말한다.
- ㉣ **정직과 신용의 원칙** : 업무와 관련된 모든 것을 숨김없이 정직하게 수행하고, 본분과 약속을 지켜 신뢰를 유지하는 것을 말한다.
- ㉤ **공정경쟁의 원칙** : 법규를 준수하고, 경쟁원리에 따라 공정하게 행동하는 것을 말한다.

5 ③

공동체 윤리

㉠ **봉사** : 직업인에게 봉사란 자신보다 고객의 가치를 최우선으로 하는 서비스 개념이다.

㉡ **책임** : 책임은 모든 결과는 나의 선택으로 인한 결과임을 인식하는 태도로, 상황을 회피하지 않고 맞닥뜨려 해결하는 자세가 필요하다.

㉢ **준법** : 준법은 민주 시민으로서 기본적으로 지켜야 하는 의무이며 생활 자세이다.

㉣ **예절** : 예절은 일정한 생활문화권에서 오랜 생활습관을 통해 하나의 공통된 생활방법으로 정립되어 관습적으로 행해지는 사회계약적 생활규범으로, 언어문화권에 따라 다르고 같은 언어문화권이라도 지방에 따라 다를 수 있다.

---

6 ③

1)은 외부로부터 강요당한 근면, 2)는 스스로 자진해서 하는 근면의 모습이며 이는 '근면의 동기'로 구분될 수 있는 종류이다. 1)과 같은 근면은 수동적, 소극적인 반면, 2)와 같은 근면은 능동적, 적극적이다.

---

7 ②

이러한 정직과 신용을 구축하기 위한 4가지 지침으로 다음과 같은 것들이 있다.

㉠ 정직과 신뢰의 자산을 매일 조금씩 쌓아가자.

㉡ 잘못된 것도 정직하게 밝히자.

㉢ 정직하지 못한 것을 눈감아 주지 말자.

㉣ 부정직한 관행은 인정하지 말자.

---

8 ④

휴리스틱 기법은 여러 가지 요인을 체계적으로 고려하지 않고 경험, 직관에 의해서 문제해결과정을 단순화시키는 규칙을 만들어 평가하는 것을 의미한다. 다시 말해, 어떠한 문제를 해결하거나 또는 불확실한 상황에서 판단을 내려야 할 때 정확한 실마리가 없는 경우에 사용하는 방법이다.

---

9 ④

기업가 정신은 경제적 이익 추구와 더불어 국민 전체의 이익을 증진시키지만, 반대로 기업가 정신이 부족한 기업이 많아지면 경제는 활력을 잃고 국민의 삶은 나아지지 않는다. 그러므로 기업가 정신은 건강한 경제와 경제 성장의 핵심이라고 할 수 있다.

---

10 ①

3D 기피현상 … 힘들고(Difficult), 더럽고(Dirty), 위험한(Dangerous) 일은 하지 않으려고 하는 현상

11 ②

기업의 내부고발에 대한 문제이다. 내부고발자는 자신의 업무에서 알게 된 조직 내 불법 행위나 위험한 활동에 우려를 제기하는 사람이다. 따라서 내부고발과 개인적인 불평불만은 구분돼야 하며 이 둘은 별도의 보고체계를 갖는 것이 중요하다. 일반적인 고충신고라인은 복리후생을 담당하는 인사부와 연결되며, 내부고발의 문제는 이보다 훨씬 중요한 사안이므로 근본적이고 독립적인 내부고발 시스템으로 다루어져야 할 문제이다.

---

12 ②

갑질 문제의 근원을 설명하고 있는 글이다. 갑질은 계약 권리에 있어 쌍방을 의미하는 갑을(甲乙) 관계에서 상대적으로 우위에 있는 '갑'이 우월한 신분, 지위, 직급, 위치 등을 이용하여 상대방에 오만무례하게 행동하거나 이래라저래라 하며 제멋대로 구는 행동을 말한다. 갑질의 범위에는 육체적·정신적 폭력, 언어폭력, 괴롭히는 환경 조장 등이 해당된다.

---

13 ①

외부로부터 강요당한 근면은 억지로 하는 노동과 상사에 의한 잔업이 해당된다.
자진해서 하는 근면은 일정한 목표를 성취하기 위해 노력하는 것이 해당된다.

---

14 ②

공무원들에게는 일반 국민들에게 기대되는 것 보다 높은 수준의 사고와 도덕성이 요구된다. 일반 국민들과 비교하여 '축소(절제)된 사생활의 원칙'이 적용되며, 이러한 원칙을 규범화한 것이 바로 「공무원 행동강령」이라고 할 수 있다.

---

15 ③

㉣ 주어진 내용은 직업윤리의 일반성과는 거리가 멀다. 사회구조의 변화와 정보 사회로의 진전에 따른 전문 직종의 증가와 분화로 해당 직업의 특성에 알맞은 윤리가 요구되고 있는데, 이를 직업윤리의 특수성이라 한다. 특수한 윤리가 필요한 직업은 점점 늘어나고 있는 추세이나 이런 특수성은 보편적인 윤리의 토대 위에 정립되어야 한다.

---

16 ①

제시된 내용 이외에도 채용비리 근절을 위하여 취할 수 있는 방법으로, 수사결과 등으로 밝혀진 부정합격자에 대해서는 채용취소 근거규정을 마련하고 응시자격을 제한하는 조치도 고려할 수 있다. 또한 채용 과정의 투명성을 확보하고 내부 점검을 보다 강화하기 위하여 외부 시험위원을 과반수 이상 구성토록 명시하는 것도 좋은 방법이 될 수 있다. 이 밖에도 이해당사자 구체화, 블라인드 방식 강화, 채용관련 문서 영구 보존 의무화 등을 통해 채용비리 근절을 앞당길 수 있을 것이다.

17 ①

주어진 글은 '고객접점서비스'에 관한 내용이다. 고객접점서비스란 고객과 서비스 요원 사이의 15초 동안의 짧은 순간에서 이루어지는 서비스로서 이 순간은 진실의 순간(MOT : moment of truth) 또는 결정적 순간이다. 이 15초 동안에 고객접점에 있는 최일선 서비스 요원이 책임과 권한을 가지고 우리 회사를 선택한 것이 가장 좋은 선택이었다는 사실을 고객에게 입증시켜야 한다는 것이다. 즉 "결정의 순간"이란 고객이 기업조직의 어떤 한 측면과 접촉하는 사건이며, 그 서비스의 품질에 관하여 무언가 인상을 얻을 수 있는 사건이다. 따라서 고객접점서비스 차원에서 볼 때, 고객에게 짧은 시간에 결정적이고 좋은 인상을 심어주려는 행위는 바람직한 행위인 것이다.

---

18 ①

ⓒ 모든 사람은 근로자라는 공통점을 가질 수도 있겠지만, 어떤 직업을 갖느냐에 따라 서로 다른 직업윤리를 가질 수 있다.

ⓔ 직업윤리는 개인윤리를 바탕으로 성립되고 조화가 필요하며, 항상 직업윤리가 개인윤리보다 우위에 있다고 말할 수 없다.

---

19 ③

③ 의료인이 갖추어야 할 핵심 직업윤리인 봉사정신·희생정신을 드러내며, 사례에서 의료진이 환자의 생명과 안전을 위해 자기희생을 감수하며 헌신한 내용과 일치한다.

① 성실성 관련 덕목이지만, 지문이 강조하는 핵심 직업정신과는 거리가 있다.

② 사회적 책임을 강조한 일반적 직업윤리로, 사례의 초점과 다르다.

④ 전문성 강화·표준 제시로, 의료인의 직업적 성장 방향에 해당하나 사례와 직접 연결되지 않는다.

⑤ 개인적 성취·보상 중심으로, 의료인의 직업윤리와는 대조적이다.

---

20 ③

③⑤ 기업윤리는 이해관계자 균형·사회적 책임(CSR/ESG)·지속가능성을 요구한다.

① 기업윤리는 법 준수만이 아니라 공정한 경쟁질서 유지를 핵심으로 본다. 담합·뒷거래 같은 불공정행위 배제는 표준 원칙에 부합한다.

② 기업윤리는 주주만이 아니라 고객·협력사·지역사회 등 이해관계자와의 신뢰·약속 이행을 중시합니다. 장기적 관계를 강조하는 것도 윤리 원칙과 맞다.

④ 임직원의 안전한 근로환경, 차별 금지, 공정한 대우는 인권·노동 관련 핵심 윤리 항목이다.

시사용어사전 1228

매일 접하는 각종 기사와 정보! 공기업/언론사/기업체/공무원 채용을 준비하는 수험생과

현대인이 꼭 알아야 할 최신 시사상식을 쏙쏙 뽑아 이해하기 쉽도록 영역별로 정리

경제용어사전 1050

주요 경제용어는 거의 다 실었다! 금융권/공기업/언론사/기업체/공무원 채용을 준비하기 전에,

경제 공부를 시작하기 전에 읽어보면 경제가 쉬워지도록 사전식으로 구성

부동산용어사전 1310

부동산에 대한 이해를 높이고 부동산의 개발과 활용, 투자 및 부동산 용어 학습에도

적극적으로 이용할 수 있는 교재, 공인중개사 출제용어도 수록

자격증

한번에 따기 위한 서원각 교재

한 권에 준비하기 시리즈 / 기출문제 정복하기 시리즈를 통해 자격증 준비하자!